アメリカ奴隷主国家の興亡

植民地建設から南北戦争まで

安武秀岳
Hidetaka Yasutake

明石書店

序章

二十世紀末以降、人々の世界認識は一変した。これは情報革命を伴った「グローバリゼーション」の加速化とソヴィエト連邦共和国崩壊の結果である。このような現実を前にして、近代史家たちは新しい歴史像の構築を試みている。アメリカ合衆国の建国から南北戦争までのいわゆる「初期共和国」に関する歴史の場合、二十世紀後半の黒人解放運動の爆発的展開も加わって大きく書き変えられている。

従来、この時代はアメリカ民主主義発展の歴史として描かれていた。もちろんその担い手に関しては、西部農民か、都市の労働者か、あるいは資本主義的企業家かについて、十九世紀末以来ほぼ一世紀間論じられ続けた。元社会主義者リチャード・ホフスタッターの名著『アメリカの政治的伝統』（一九四八年）もこの論争の結果生まれた。彼はこの著書の中で、アメリカ資本主義文明を通じての保守的同調傾向（コンセンサス）を冷徹に見つめ、これを支えた「ポピュリズム」を手厳しく批判した。確かにこれは知的には説得力があった。ただ「進歩的」白人民主主義の伝統を賛美する当時の「革新主義史家たち」は、労働民衆文化に対する彼の容赦ない批判に対して違和感を覚えたようである。しかし彼はこの著書の中に一章を設けて、奴隷解放論者ウェンデル・フィリップスの南北戦争前の長い政治的孤立無援の中での闘いと、南北戦争中に北部世論の脚光を浴びた彼の煽動活動とを対比して見事に描写している。一九五〇年代、米ソ冷戦期の「アカ狩り」言論弾圧の時代にアメリカ史の勉強を始めた私は、ここにホフスタッターの真骨頂を発見し、魅了された。だが「革新主義史学」と「コンセンサス史学」との差異を論じる時代は終わった。

早くも西暦二〇〇〇年にレナード・L・リチャーズが『奴隷主権力――北部自由州と南部による連邦支配』を発表し、翌年ドン・E・フェーレンバッカーの遺稿著作『奴隷所有共和国――合衆国政府と奴隷制度との関係史論』が公刊された。このような研究動向を踏まえて、黒人社会史家アイラ・バーリンは二〇〇四年三月『ジャーナル・オブ・アメリカン・ヒストリー』に掲載された米国歴史家協会・会長講演の中で、次のように総括している。

アメリカ経済の礎《いしずえ》は奴隷が栽培する農産物によって築かれた。その大量の農産物はタバコ、米、砂糖であり、そして最後に登場したのが綿花であった。奴隷所有者たちはこれらの農産物を国際市場で販売して、英領北米植民地と、その後の誕生間もないアメリカ共和国に莫大な資本をもたらした。最終的にはこの資本が三世紀間に及ぶアメリカの経済発展を支えるインフラストラクチャー創造の基金となったのである。奴隷制度が生み出したこの巨大な富は、奴隷所有者たちが一七八九年に創設された新たな連邦政府の中で中心的役割を確保することを可能にした。というのも彼らが迅速に自己の経済力を政治力に転換したからである。共和国の建国から南北戦争までの間の大統領の半数以上が奴隷所有者であり、しかも彼らは概して非常に裕福な人々であった。すなわちそれはジョージ・ワシントンに始まって、トマス・ジェファソン、ジェームズ・マディソン、ジェームズ・モンロー、アンドルー・ジャクソンを経て、ジョン・タイラー、ジェームズ・ポーク、ザカリー・テイラーと続いたのである。同じことは連邦裁判所に関してもいえる。合衆国憲法批准から南北戦争までの大半の期間、奴隷主判事が構成する多数派は、相次いだ二人の奴隷主の主席判事ジョン・マーシャルとロジャー・B・トーニーによって統括されていた。同様のパターンは連邦議会でも見られる。アンテベラム（南北戦争前）期の政治は、連邦議会の支配をめぐっての奴隷所有州と非奴隷所有州との間の闘争として展開した。

奴隷所有者階級の力は、彼らに国家指導者集団の中での支配的地位を与えただけでなく、アメリカの文化とアメリカ社会の中核となる価値観を形成する巨大な力をも彼らに与えることになった。

この総括を読む限り、南北戦争までの合衆国憲法体制は、奴隷主国家であったということになる。

これは研究史上の革命的変化を示すものである。

上記の研究動向は筆者の学術研究論文集『自由の帝国と奴隷制――建国から南北戦争まで』（ミネルヴァ書房、二〇一一年）の中で検討している。参考までにこの著書の目次を列挙すれば、序章 世界史の中のアメリカ、第一章 建国神話としての「感謝祭」、第二章 アメリカ合衆国憲法体制の展開と奴隷主国家の出現、第三章「ジャクソン民主主義」と第二合衆国銀行、第四章 市場革命とは何か、第五章「マルクスの先駆者」トマス・スキドモア、第六章 ニューヨーク史共和国祭典と労働者階級の出現、終章 奴隷主国家と都市労働民衆政治である。

今回の新しい概説書は、現在絶版になっている講談社現代新書『大陸国家の夢』(一九八八年)の改訂版である。しかし以下の各章の記述には字句の補正以外に一切変更を加えなかった。過去半世紀以上に及ぶ、日米の研究者たちの歴史意識の変化を読み取っていただくのも、この改訂版の目的の一つである。

アメリカ奴隷主国家の興亡——植民地建設から南北戦争まで●目　次

章扉写真は州旗（州成立年）

第一章　植民地建設

ニュージャージー（1787）

ペンシルヴァニア（1787）

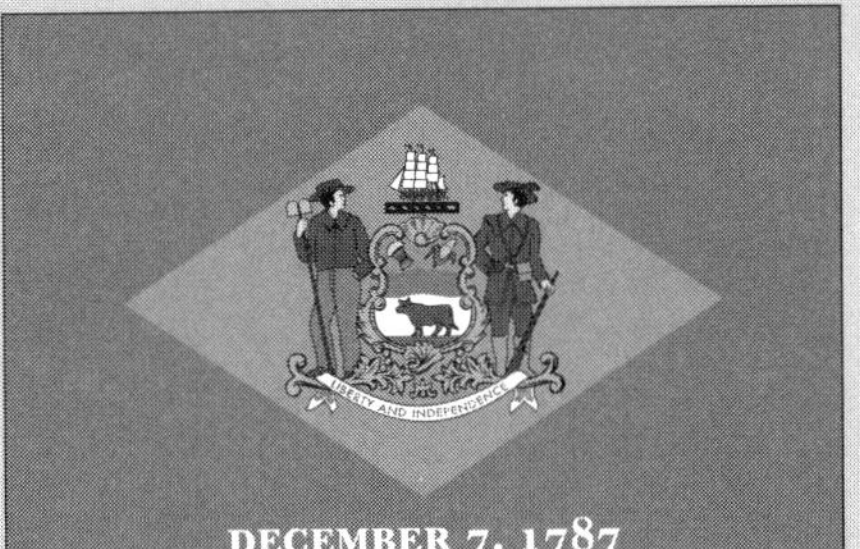

デラウェア（1787）

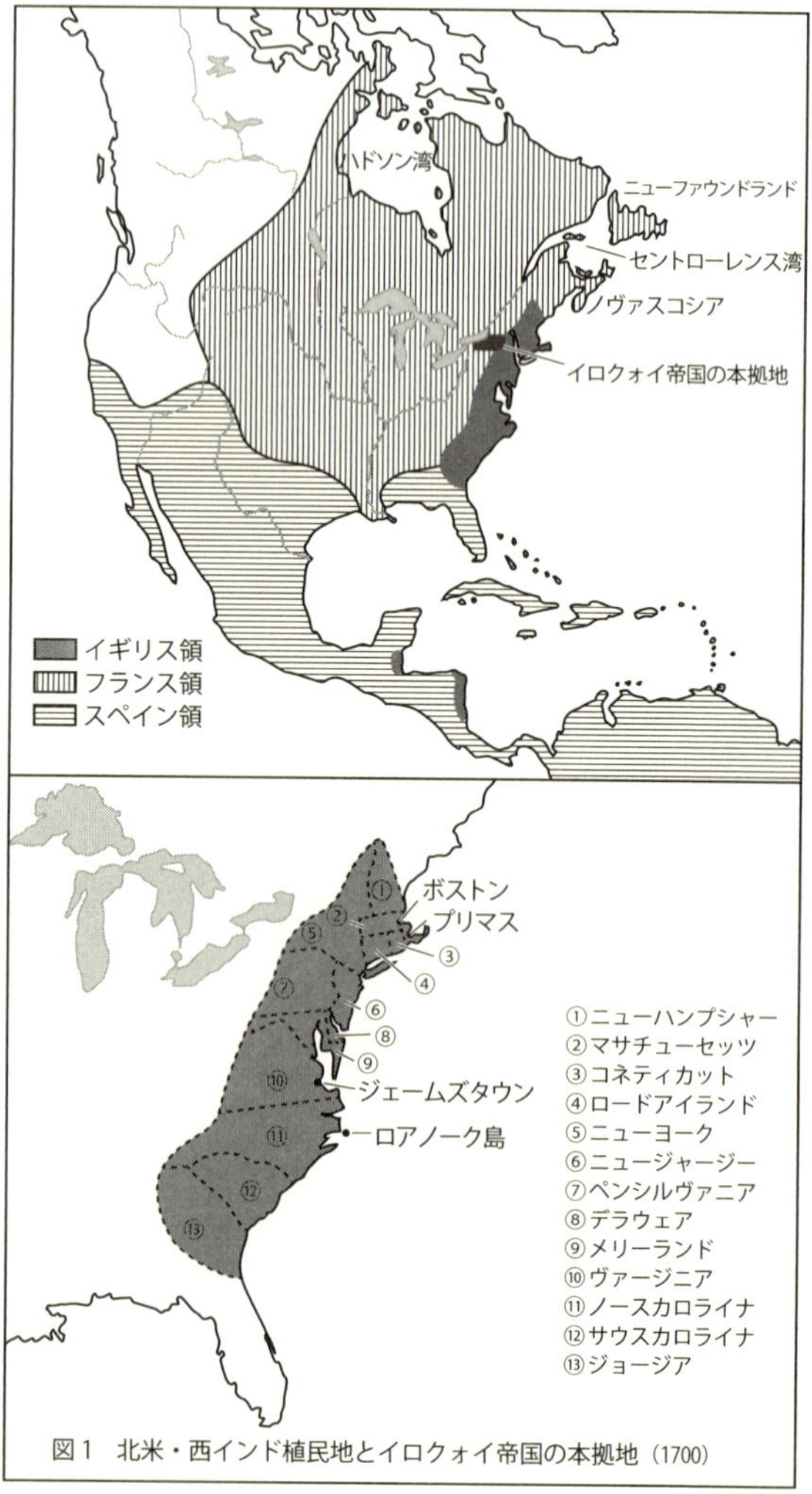

図1　北米・西インド植民地とイロクォイ帝国の本拠地（1700）

西欧文明の正統の相続人

アメリカ合衆国の歴史は、イギリス史と並んで「資本主義的世界体制」の発展史の中で最も中心的な役割を演じた人々の歴史である。

近代の「資本主義的世界体制」は、十六世紀後半、大西洋を主な舞台として成立した。当時その中心はこの大海の北東岸地域、オランダ、イギリスにあった。アメリカ合衆国は、この中心から三千マイル隔《へだ》たった対岸に建設された植民地として、十七世紀初頭、その前史を開始した。この植民地が十八世紀後半、独立国となった後も、一貫してその世界体制内に組み込まれたまま飛躍的な発展を遂げ、ついに二十世紀にはその中核国家としての役割を担うようになった。

コロンブスが新世界に到達したのは一四九二年のことである。その後約一世紀間、イベリア半島の新興国スペインとポルトガルが、世界的な規模での貿易活動を支配することになった。ポルトガル人の種子島《たねがしま》到来やスペイン人のマニラへの進出もその一環であった。その間、スペインはポルトガル領ブラジルを除いて、新世界貿易を独占した。スペイン国王は、その財力によって神聖ローマ皇帝の地位をも兼ね、カトリック的ヨーロッパ秩序の再建を目指して、宗教改革期の動乱の平定を試みた。

しかし一五五八年、イギリス国教会派はカトリック勢力の介入を排し、エリザベス一世を擁してスペインに対抗して、オランダでもスペイン統治に反逆する独立運動がおこった。ここにヨーロッパ最大の羊毛・毛織物輸出国イギリスと、北ヨーロッパの海運を一手に担《にな》っていたオランダとのプロテスタント同盟が形成され、一五八八年、イギリス海軍はドーヴァー海峡でスペインの無敵艦隊を破った。以後、新世界では約二世紀間、スペイン、ポルトガルに、イギリス、オランダ、フランスを加えて熾烈《しれつ》な植民地争奪戦が展開された。

この戦争を生き抜いた北米大陸のイギリス人は、他の列強の植民者と、ある一点で著《いちじる》しく異なる性格をもっていた。他の植民者たちは、カリブ海諸島の場合を除けば、「原住民」に対して残虐な殺戮《さつりく》と掠奪《りゃくだつ》を繰り返したにもかかわらず、最終的には原住民社会を存続させ、その上に君臨して利潤を追求する道を選んだ。他方、イギリス人は大量の農耕民を送り込んで、インディアンを徹底的に排除し、そこに定住ヨーロッパ社会を再現しようとした。その結果、アメリカ合衆国の建国者とその後継者たちは、黒人の奴隷文化はさておき、原住インディアン文化とみずからの文化との相互浸透の可能性を閉ざしてしまった。

かくしてヨーロッパとアメリカ合衆国とは、それぞれ別個の世界を形成したのではなく、巨視的に見ると一つの文明として発展することになった。十九世紀前半、フランス人貴族アレクシス・ド・トクヴィルがアメリカ民主主義の中にヨーロッパの未来の予兆を探ったのは当然であったし、二十世紀初頭、ドイツの社会学者マックス・ウェーバーが、近代資本主義の精神の体現者として、イギリス人ではなく、アメリカ独立革命の指導者ベンジャミン・フランクリンを例示したことも、決して奇異なことではない。トクヴィルにとってもウェーバーにとっても、合衆国は西欧文明の嫡子だったのである。

1──南部植民地

女王陛下の植民活動とヴァージニアの建設

イギリスの北米大陸植民地建設の最初の試みは、エリザベス一世治下一五七〇年代末、アイルランド征服植民活動の延長線上に企画された。その担い手はイングランド西部の教養あるジェントリー（郷紳）の次三男たちであった。彼女の寵臣《ちょうしん》として有名なウォルター・

ローリーもこの計画に参画した中心人物の一人であった。彼らはアジアへの新航路の発見・開発、新大陸およびその海域におけるスペインとの武力抗争のための拠点の確立、スペインより購入していたアメリカ特産物の直接確保、イギリス製品のための市場と「過剰」人口の捌《は》け口として、この事業を構想していた。

しかし、政府が全面的に支援したわけではなく、女王が若干《じゃっかん》の資金援助と個人的祝福を与えたに過ぎなかったし、国民的支持を受けたわけでもなかった。しかも折悪しくイギリスがスペインとの全面的戦争状態に入ったため、今日のノースカロライナ沖にあるロアノーク島に百人を超える人々を送り込みながら、支援物資の調達が遅れ、救援隊が到着した時には、人々の姿は見えず、その消息は途絶えてしまっていた。

アメリカよりもアイルランド植民に熱心であったローリーは、一五八九年、この事業に見切りをつけて、その権利をロンドンの富裕な商人たちに譲渡した。この商人団の指導者サー・トマス・スミスこそ、次の世紀に入って、北米大陸最初の恒久的定住地建設の発起人となる人物である。ローリーたちの冒険事業は失敗に終わったとはいえ、新大陸に女王にちなんだヴァージニアという地名を残した。一六一七年の旅行書には、アイルランドのことを「この有名なヴァージニア海の島」という言い方すら現れた。イギリス人はエリザベス時代以降の植民活動の結果、大西洋を自分たちの海と考えたようである。

一六〇三年、ジェームズ一世が即位し、翌年スペインとの平和が回復すると、新大陸植民の機運が急速に高まった。一六〇六年、ロンドン・ヴァージニア会社という植民地建設会社が国王の特許を得て設立され、同年十二月、三隻《せき》の船で百四十四人の第一陣が送り出された。小型船による大量人員の真冬の大洋横断は困難を伴った。しかし、ついに翌年四月、途中の航海を生き延びた百五人がチェサピーク湾に到達し、ジェームズ川を三十マイル遡《さかのぼ》った地点に、北米大陸最初の恒久的植民地ジェームズタウンを建設した。

この会社の株主には多くの貴族が参加しており、その内には三十二人の伯爵ないしその相続予定者、四人の伯爵夫人、三人の子爵、十九人の男爵がいた。歴史家エドモンド・S・モーガンによれば、ジェームズタウンの定住者名簿に出てくる多くのジェントルマンとかキャプテンとか呼ばれている人々は、株主貴族の従者たちであり、その他の者は、その従者たちの家来や浮浪者や移動労働者だったらしい。彼らにとってこの植民計画は、一種の軍事冒険事業であった。

飢饉の中でのボーリング遊び

当時のヨーロッパ大陸を転戦してまわった軍隊のなかには、貴族から兵隊にいたるまで、自分たち自身の耕作労働で食糧を調達する考えは全くなかった。当時の兵士というものは、その多くが飢えと疫病《えきびょう》で死ぬのはごく当たり前のことであった。実際、植民者たちには食糧自給の準備はなかった。スペインの宝船の掠奪、貴金属鉱山の発見、アジア向け新ルートの発見、現地人労働力の酷使の機会等々が植民者たちの夢であった。人々は一日四時間しか働かず、現地指導者キャプテン・ジョン・スミスは、武力で威嚇《いかく》しながらインディアンと交易してトウモロコシを調達し、何とか急場をしのいだ。しかし救援物資がとだえると、第二のロアノーク島になる危険も十分あった。

一六〇九年六月、会社は五百人の男と百人の女と大量の食糧その他の必需品を積んだ船団を送った。植民地の指導者となるべき人々を乗せた船は、運悪く嵐でバミューダ島に漂着し、指導者を失った四百人だけが目的地に到達した。しかし、疫病が蔓延《まんえん》し始め、人々は士気阻喪《しきそそう》して、冬を迎えるための食物の作付けを怠《おこた》り、一六一〇年春まで生き延びたのは、四百人の住民のうちわずか六十人であった。指導者たちがついにたどり着いた時には、タウンの柵《さく》は壊れ、家屋は燃料として燃やされ、食糧は枯渇して、家畜まで食いつくされ、人々は秘かに人肉食いについて語り合っていた。この悲劇は、シェイクスピアの『嵐』の素材にもなったと言われている。

飢餓の翌年一六一一年五月、サー・トマス・デールがここに到着した時、人々は相変わらず真昼間から道端でボーリングにふけっていて、いっこうに真面目に働こうとしなかった。近年の社会史家たちによれば、どうやらこれは当時のイギリス労働民衆の文化だったようだ。この頃のイギリスの労働者はまだ、今日の日本のサラリーマンと違って、ひとに雇われた時には、昼食後の何時間ものお昼寝の時間「シエスタ」を、たっぷり楽しんでいたのである。

その後一六一二年、会社は人々を疑似軍事組織に編成し、苛酷な厳罰をもって労働規律を課し、トウモロコシその他の物資の生産に従事させた。それでもこの時定められた一日の労働時間は、夏は五時間から八時間、冬は三時間から六時間であった。さらに当時のイギリス人の国民文化から考えてみて、このような強制労働を効率的に維持し続けるのは到底不可能であった。この地方で安定した労働力調達が可能になるのは、最終的には、大量の黒人奴隷が導入され始める十七世紀末のことであった。しかし、さしあたりこの緊急措置は、滅亡に瀕《ひん》した植民地の立ち直りを助けた。

一六一四年からタバコ栽培の試みが開始され、一六一七年、ロンドンへの初荷《はつに》は非常な高値を呼び、ようやく「ヴァージニアの人々は道端でのボーリングをやめ、タバコを植え」始め、植民地の前途に明るさがみえてきた。この間会社はロンドンを始め全国的に宣伝し、会社解散時における株主に対する土地分配の約束、政府公認の富くじの発行によって資金を調達し、さらに、自分自身を含めてひと一人送り込むごとに五十エーカーの土地を与える「人頭権」を約束することによって、大量の人々を送り込み続けた。会社は株主たちが土地の持ち分をまとめて、その地域内での一定の自治権を行使することも認めるようになった。かくして一六一二年の厳しい労働規律も廃止され、一六一九年には最初の植民地議会が開かれた。

しかし、このような発展が次の惨事を準備した。一六二二年三月、土地を奪われ、人々を殺され、様々な蛮行を受けたインディアンたちが、これ以上のイギリス人植民者の増加を恐れて、反撃に転じて無防備な農園を襲い、少なくとも三百四十七人もの入植者を殺した。その後は両者の血なまぐさい復讐が続き、農産物の作付けも十分にできず、飢饉と疫病で多くの人命を失った。何度か特許期限の更新の後、一六二四年ヴァージニア会社が最終的に解散するまでに八千五百人以上が英国を船出したが、飢餓とマラリアその他の疫病とインディアンとの戦いのため、生存者はわずか千二百七十五人しかいなかった。会社本来の目的からすれば完全な失敗であった。残された住民は、インディアンの陸からの攻撃のみならず、他のヨーロッパ諸国による海からの攻撃からも身を護らねばならず、結局、直接王権の保護下に入ることになった。以後彼らは、国王が派遣した総督のもとで、王権の庇護《ひご》を受けると同時に、これと対抗しながら、植民地議会をよりどころに自治を発展させることになった。

年季奉公人とインディアン

王領植民地となった後も、なおしばらく疫病と栄養不良のためヴァージニアの死亡率は著しく高かった。しかし、一六四四年には人口も八千人に達し、この頃までに植民地社会はやっと安定し、死亡率も急速に低下し始め、その後三十年間に人口は四倍に増加し、一七〇四年には七万五千六百人に達した。

この人口増加を支えたのは、いわゆる「年季奉公人」の流入であった。その数は十七世紀を通じてチェサピーク湾地域だけで、年間平均千五百人に達した。彼らの移住の動機や理由については、囚人等の強制移住から、新しい機会を求めての自発的な渡航まで様々であるが、共通していえることは、渡航費を自弁できず、契約によって一定期間強制労働に服したという点である。年季奉公人制度はもともと旧世界の慣行であったが、植民地ではその期間は一般に短く、通常四年間であった。しかし、土地取得が比較的容易で労働力が極度に不足していた植民地の大土地所有者にとって、彼らはタバコ生産によって利潤をあげるために不可欠の働き手であった。

実は、早くも一六一九年に、黒人労働力がジェームズタウンにももたらされていた。しかし、死亡率が極度に高かった当時のヴァージニアでのタバコ生産では、西インド諸島の砂糖プランテーションと競争して高価な黒人奴隷を購入するよりも、白人年季奉公人の方が安くついたのである。人々の生命の使い捨てという点では、黒人も白人奉公人も変わりなかったというべきであろうか。それだけではない。彼らを働かせていた農園主たち自身でさえ、ヨーロッパ人が免疫をもたないマラリアのような風土病の猛威に対してはなすすべがなかった。十七世紀の前半までは、農園主家族が死に絶えて無主地がでることも多かったので、奉公人であってももし生き残ることができさえすれば、容易に土地所有者となり、社会的地位を上昇させることができた。

しかし、十七世紀半ば頃までに死亡率が減少し、人口が増大し始めると、沿岸地方では大土地所有者階級が形成され、社会階級が固定した。年季があけた貧しい白人たちは、当然のこととして土地を要求し、内陸地方の小農園主もインディアンを征服して彼らの土地を手に入れようとした。しかし、大土地所有者たちに支持された総督サー・ウィリアム・バークレーは、友好的なインディアンとの平和の維持を望み、彼らの要求を拒否した。

これに対する不満を背景に、バークレーの権力に挑戦したのが、一六七六年のナサニエル・ベーコンの叛乱であった。そしてこの叛乱の最中に、植民地議会は選挙権・公職資格・課税に関して「民主化」を促進する決議をした。叛乱は総督を窮地に追い込み、植民地を大混乱に陥《おとし》れた後、ベーコンの病死を契機に総崩《くず》れになり、首謀者は処刑されて終結し、総督バークレーも本国政府により更迭《こうてつ》された。

今世紀前半の歴史家たちは、この事件をアメリカ独立革命の先駆となる民主化運動と捉《とら》えていた。しかし、バークレー夫人の姻戚でもあるベーコン自身には、インディアン征服以外には民主化の意志などなく、彼の支持者の中にも多くの有力有産者が加担していたことは否定し難い。特権に反対する人々の運動がインディアン征服を求める急先鋒と結びつくという悲劇は、その後のアメリカ史で何度も繰り返されることになる。

黒人奴隷制の確立

ベーコンの叛乱に見られたインディアンからの土地収奪の要求は、人口増加と社会階級の固定化がもたらす白人間の社会問題を緩和する可能性を示した。しかしこれは、土地集積を拡大しつつあった大土地所有者たちにとっては、新たな労働力供給源を必要とすることになる。ところが王政復古後の一六六〇年頃から、本国からの移住が急速に減少した。

代わって黒人奴隷人口の流入が始まった。一六四〇年、ヴァージニアの黒人人口はわずか百五十人に過ぎず、しかも彼らのすべてが奴隷だったわけではない。また奴隷の法制上の規定も確立しておらず、一定期間とはいえ強制労働の義務を負っていた白人奉公人との社会的身分上の違いも、必ずしも明瞭ではなかった。しかし、一六六一年には奴隷制を確認する法律が生まれ、英本国商人のアフリカ奴隷貿易参入が活発化し、ヴァージニアの黒人人口は、一六八〇年には三千人に増加し、一七〇四年には白人人口七万五千六百人に対して約一万人にも達した。翌一七〇五年のヴァージニア奴隷法は、この植民地における奴隷法の集大成とみなされており、ここに黒人奴隷制南部社会の原型が確立したと言ってよかろう。

その後黒人人口は増え続け、独立直後一七九〇年の第一回国勢調査によれば、合衆国総人口三百九十三万人のうち、七十万人が黒人であった。そのうち三十万人がヴァージニア州に住んでおり、メリーランド、ノースカロライナ、サウスカロライナにそれぞれ約十万人ずつ住んでいた。だが、長い間辺境の地とみなされ、一七三三年になって公式に植民地として建設されたジョージアには、まだこの時点では三万人弱の奴隷しかいなかった。

チェサピーク湾地域における信仰の自由

メリーランドは、同じチェサピーク湾に建設された大土地所有制に基づく奴隷制タバコ植民地として、経済史的にはヴァージニアと一括して論じられるのが普通である。だが政治史的には特記すべきことがある。この植民地は、一六三二年、チェサピーク湾沿岸のポトマック川以北の地域に、カトリック教徒の若き二代目ボルティモア卿セシリウス・カルヴァートに特許された領主植民地として建設された。当時すでにカトリック教徒はイギリス国教会の支配体制下で少数派の立場にあったので、彼らのための安住の地となることが期待されていた。

しかし、カトリック教徒領主の支配下にあっても、住民の圧倒的多数はプロテスタントだったので、新教徒諸派も早くから信仰の自由を享受した。また十八世紀に入ると、ペンシルヴァニアを経由して、長老派のスコッチ・アイリッシュやドイツ系移住者が南下し、メリーランドからさらにヴァージニア奥地にまで達した。その結果、独立革命前夜までには、チェサピーク沿岸植民地域全体の白人人口の民族文化的構成が多元化した。

この人口の多元化が、王領植民地ヴァージニアにおける英国国教会の支配力を低下させた。一七三〇年代から一七四〇年代にかけての第一次大覚醒運動にも触発されて、長老派や洗礼派の影響力が強まり、本国から派遣された国教会牧師の俸給のための課税に対する反対闘争が激化した。当時、英国教会の牧師職自体がしばしば利権として政治的争奪の的《まと》になっていた。特権階級化した国教会牧師たちは、広大な領域に散在して住んでいる住民のひとりひとりの魂の救いのための努力を怠っていた。かくして、最も戦闘的な反英闘争の闘士、スコッチ・アイリッシュのパトリック・ヘンリー、熱烈な信教の自由の擁護者、トマス・ジェファソンやジェームズ・マディソンが、独立革命中、この植民地から登場することになる。

黒人奴隷制の牙城サウスカロライナ

サウスカロライナ植民地社会は米国黒人奴隷制の牙城《がじょう》であった。この植民地建設の発起人たちは王政復古後のチャールズ二世の取巻き連中であった。後にシャフツベリー伯となるサー・アンソニー・アシュレーと、彼に仕えた哲学者ジョン・ロックも、彼らの仲間であった。ふたりは合作で『カロライナ基本法』を構想し、その中で広大な土地を所有する本国在住の不在地主のための地代の確保や奴隷制の導入だけでなく、白人入植者間の上下の分限《ぶんげん》について事細かく規定した。

本国の特権階級の知識人たちが描いたこの高度に位階制的な社会の夢は、植民地の赤裸々な暴力的収奪の世界では、そのままの形では実現しなかった。しかし彼らが強調した宗教的寛容と外国人誘致策はこの植民地の人口構成に影響を与えた。植民地建設開始以来、白人人口の主要部分は西インド諸島からの移住者だった。彼らは黒人奴隷を使う大砂糖プランテーションの発展の結果、土地を失い、過剰人口となった農民たちであり、新天地でみずからプランター（奴隷制農園主）にならんとする野心に燃えた人々であった。

この他にニューヨーク、ニューイングランド、ヴァージニアの植民地からも人々が集まり、さらにイングランドの長老派、洗礼派、スコットランドの長老派、フランスのユグノーなど、プロテスタント諸派の人々がやって来た。ユグノーはワインや絹の生産に従事したが、この地域のプランテーションの主要生産物は米と藍《あい》であった。インディアン部族との取引きでは、毛皮だけでなく、大量のインディアンを奴隷として購入し、インディアン相互間の奴隷狩り戦争を促すことになった。

比較的小規模農場が多かったチェサピーク地方のタバコ・プランテーションと違って、この地方の米の生産は大規模集団労働によって行われたので、白人人口に比して黒人人口の割合が高く、早くも一七〇八年には黒人人口が白人を凌駕《りょうが》し、一七二〇年にはその比は二対一となった。一七三〇年のヴァージニアの黒人人口が総人口の四〇パーセントだったのと対比すれば、その差は明らかである。この人口比の著しい不均衡は、奴隷叛乱に対する厳しい備えを要した。英領西インド諸島バルバドス起源のものとされているこの植民地の黒人法は、特に苛酷《かこく》であった。

しかも、チェサピーク湾の奴隷制が、タバコ生産の行きづまりから、独立革命前に衰退の兆候を見せ始めるのに対し、ここでは独立革命後も奴隷制は顕在《けんざい》ぶりを発揮した。チェサピーク湾地域のジェファソンのような独立革命の指導者たちは、みずから奴隷の労働に依拠して生活しながら、いつの日か奴隷が解放される日を夢想して、良心の痛みを和《やわ》らげることもできたが、ここではそのようなことは許されなかった。十九世紀前半、奴隷制擁護の最も偉大な政治家ジョン・C・カルフーンがこの地から登場する歴史的条件は、この時期から形成されつつあったのである。

2―ニューイングランド植民地

さまよえる人々ピルグリム

ニューイングランドにおける最初の恒久的植民地は、一六二〇年十二月、今日のマサチューセッツ州プリマスに建設された。最初の冬、百一人の渡航者のうち半数の死者を出したが、有徳《ゆうとく》の知事ウィリアム・ブラドフォードの指導のもとに、難局を切りぬけて踏みとどまることができた。この植民地を建設した人々が上陸直前に結んだ「メイフラワー誓約」は、植民地自治、あるいは広くアメリカ民主主義一般の先駆として神話化されてきた。しかし、彼らはその後ニューイングランドにおいても決して植民地建設の指導的役割を演ずることはなかった。このことは彼らの世界観と深く関わっていた。

彼らはピルグリム・ファーザーズと呼ばれ、日本では巡礼始祖とも訳されている。しかし巡礼という訳語からは、中世ヨーロッパの聖地巡りや日本の霊場巡りが思い出されて、彼らの精神を連想することは難しい。彼らは英国教会だけでなく、聖遺物や聖堂をも含め

図2　プリマス植民地

てすべての物に対する執着を捨て、一切《いっさい》の宗教的権威を否定しようとした。この世では神を信じる人々の集まりのみが究極的価値あるものであった。

彼らは他人からの信仰の押しつけを断固として拒否したが、同時にみずからの信仰を他人に押しつけることをも厳しく自制した。しかし、多元的価値観に立って、自覚的に宗教を国家から分離し、徹底した世俗国家の建設を目指すほど近代人でもなかった。このような人々は、各宗派が正統性を求めて武力闘争を展開していた当時のヨーロッパにあっては、この世を仮の宿とみなし、安住の地を求めて旅人として生きるしかなかったのである。彼らがアメリカに向かう以前、オランダをさまよった理由でもあった。

しかし彼らは世俗の権力としての王権を否定してい

なかった。宗教的には国教会からの「分離主義者」であったが、「ジェームズ王の忠誠なる臣民」として「メイフラワー誓約」を行った彼らは、決して国王に対する反逆者ではなかった。王権の側からすれば、忠実ではあるが国内の宗教的秩序を乱す輩《やから》は、危険な辺境に送りこんで帝国拡大の一翼を担わせるにしかずであった。

彼らの植民地の歴史は結局、十七世紀末マサチューセッツ湾植民地にほとんど抵抗もなく併合されることによってその幕を閉じた。植民地時代史家バーナード・ベイリンは言う。「ピルグリムたちはあらゆる権力本能を欠き、世界を変革するよりもむしろ拒絶し、個人的敬虔《けいけん》を謙虚な態度で実践して、他人の誤りに対して寛容であった。彼らは自分たちが建設した共同社会を永続させることができず、アメリカ人の生活に対する彼らの影響は理想の世界に限られた」

この評言は現代の心優しき人々の共感を誘う。しかし彼らのインディアンに対する恐るべき偏見は無視すべきではない。実利的な南部の白人たちは、ジェームズタウンのジョン・ロルフとポカホンタスの神話化されて有名になった結婚の例にみられるように、しばしばインディアンの娘と結婚することによって彼らとの平和の維持を試みた。たとえそれが政略結婚だったとしても、少なくともそこには人間と人間との関係があった。

しかし、ピルグリムたちにとってインディアンは悪魔の代理人であった。彼らが最初にプリマスに到着した時、先住のインディアンがすでに先年イギリス人漁民がもたらした疫病によって死に絶えていたのをみて、「神が病原菌をつかわして、我々の行く手を清め給《たも》うた」ことを感謝して、翌春インディアンが残した畑に種子をまいた。米国の感謝祭はこの年の秋の収穫を祝う祝日として始まった。また入植二年後の一六二二年、彼らはマサチューセッツ族の族長四人を謀殺し、その首を棒に突き刺し、二十年間もプリマスの砦《とりで》の上に晒《さら》したのである。

マサチューセッツ――ピューリタン信仰共同体

ニューイングランド植民地社会とその知的風土の形成に、決定的役割を演じたのはピューリタンたちであった。彼らは聖書をよりどころにして英国教会の典礼主義に反対するという点では、分離主義者ピルグリムと同じ立場に立っていた。しかし彼らは国教会から離脱するのではなく、国教会と、これと不可分に結びついていた国家そのものを支配し、これを変革しようとしていた。世俗の中に生き、しかも世俗に染まらぬ道を求めた。その意味では彼らはユートピアンではなく、実務家であり、現実政治家であった。したがってまた彼らの本来の戦いの場は本国にあった。

しかし、一六二五年チャールズ一世が即位すると、彼らに対する弾圧は強まった。実際彼らが拠点とすべき議会は一六二九年国王によって解散され、以後十一年間召集されなかった。また大陸でも一六二九年、スウェーデン、オランダ、イギリスのプロテスタント連合がカトリック軍に敗れた。しかも一六二〇年代から一六三〇年代にかけて、ピューリタンたちの拠点であったイーストアングリアと西部イングランドは、不作と厳しい織物不況に見舞われていた。彼らの前途は暗澹《あんたん》たるものとなり、もはや本国での政治改革は不可能と思われた。

ついに国家の変革を断念し、新大陸に新社会建設を試みる人々が現れた。一六二九年、国王の特許を得てマサチューセッツ湾会社が設立され、これにピューリタンの商人、土地をもったジェントルマン、法律家、下級公職者が参加した。彼らはそこに、大義と同時にみずからの新たな機会を求めた。英国教会の純化が不可能となれば、新大陸で汚れなき教会を建設するしかなかった。実務家である彼らの判断は決然たるものであった。会社そのものを植民地に移し、会社の商業組織に加えて統治組織を作ることを決定し、ジョン・ウィンスロップを知事に選んだ。翌年三月ピューリタンの大移住が始まり、一六三〇年から四三年までに、約二百隻の船で二万人以上の人がマサチューセッツ湾植民地に渡った。

マサチューセッツに渡ったピューリタンたちは、間もなくボストンを中心にニューイングランド沿岸地方のほとんど全域に集団をなして入植し、それぞれタウンを建設した。各タウンでは最初に入植した家族の家長たちが土地を分割して所有し、一部の土地を自分たちだけの共有地として残した。彼らはすべての自由民が参加するタウン集会で自治を行い、自主的に会衆派教会を設立して運営した。

植民地議会は各タウンの代表によって構成され、その政府は会衆派教会に基づく政教一致体制の存続につとめたが、聖職者がみずから公職につくことはなかった。しかし、植民地全体の政治に参加する資格は自由民に限られ、その自由民は教会員資格を有する成年男子に限られていた。さらに各タウンの建設を指導した人々の間には、ピューリタン信仰に関する幅広い意見の一致が存在し、しかもそれは本国における弾圧と、植民という共同事業への参加という共通の体験によって強化されていた。国教会体制下での改革を志向していたピューリタンの間では政教一致の建前はごく当然のことであって、コネティカットやニューハンプシャーの植民地もマサチューセッツをモデルとして作られた。

ニューイングランドにおける信仰の自由

しかし、元来ピューリタニズムは、弾圧に抗して結束して戦う人々の、信仰を確認し合った者たちだけの誓約に基づく結社、すなわちセクトであった。今やピューリタンは自分たちの教会員としては認め難いような多数の人々をも統治する支配者となった。しかも彼らはイギリスの伝統として宗教的並びに政治的地方分権主義を持ち込んでいた。会衆派教会内での意見の対立は避け難かった。特にロジャー・ウィリアムズとアン・ハッチンソンは純粋で熱烈な信仰心から自説を曲げず、厳しい論争の末、この植民地から追われることになった。ピューリタンはインディアンの狩猟地に対する土地所有権を認めず、彼らと厳しい戦火を交えて土地を収奪していった。これを批判してインディアンとの友好を説くようなウィリアムズやクェーカー教徒のような人々を、許すわけにはいかなかった。

その後ウィリアムズは、マサチューセッツを追われたハッチンソンの追随者やクェーカー教徒たちとともに新しいロードアイランド植民地を建設し、政教分離の理論を発展させることになる。政教分離の下で、この植民地はニューヨークと並んでユダヤ人をも受け容れて商業的に栄えた。ただここでの宗教的寛容も、人種差別を否定するまでにはいたらず、この植民地の黒人奴隷貿易の繁栄を阻止することにはならなかった。

新大陸のピューリタンたちは、待ち望んだ一六四〇年代のピューリタン革命を祝福したが、一六六〇年の王政復古によって前途多難の時代を迎えた。しかも王政復古が単なる反動でなかったところに問題があった。本国側は植民地の政教一致体制の解体を要求し始めた。植民地では二代目の人々の時代に入り、真摯《しんし》な回心体験の確認を要求される教会員の割合は、一六四三年の成年男子の約半数からだんだんと減少傾向を示し始めた。これは信仰共同体の危機であった。

マサチューセッツは宗教的には「半途《はんと》契約」という便法を使い、政治的には一六六四年、非教会員の高額財産所有者に選挙権を与えることによって対応した。しかし、アングロアメリカ世界全体における宗教的寛容の精神の成熟と本国の国教会体制の安定強化の趨勢《すうせい》に抗することはできず、名誉革命後の一六九一年、国王任命の総督の受け容れと、選挙権の教会員資格の全廃を認めざるをえなかった。

一七二〇年代に入ると、英国教徒、洗礼派、クェーカーも礼拝の自由が保障され、宗教課税を自派のために使うことも認められた。このような経過の背景には、ボストン商人の海外貿易での発展と植民地経済の商業化と並行して、植民地文化全体の世俗化の進行が始まっていた。かくしてピューリタン植民地はヤンキー植民地に転換することになる。しかし住民の圧倒的多数は依然としてイングランド系であり、会衆派教会に属していたのであり、この意味ではピューリタン的伝統は存続した。

3——中部植民地

ニューアムステルダム——人口四百五十人の世界市民都市

アメリカ社会の特質をその民族文化的多元性に求めるならば、中部植民地の歴史はまさしくアメリカ的社会の歴史であった。伝説によれば、ノルマン人すなわちヴァイキングがすでに中世の時代にこの地まで遠征していたという。また、十六世紀初頭、ヘンリー七世の時代にブリストルを出帆《しゅっぱん》したイギリス商人とポルトガル人の一団が、ニューファウンドランドから南下して、多分この地域まで到達していたであろうといわれている。

史実として確認できる最初のヨーロッパ人は、フィレンツェの人ジョヴァンニ・ダ・ヴェラザーノである。彼は一五二四年四月、フランス王フランソワ一世の家臣として、ドフィヌ号でニューヨーク湾の奥深くまで入って来た。しかし、フランスはこの地には定住地を建設せずにカナダに向かい、十七世紀以降、ニューファウンドランドからセントローレンス川を遡《さかのぼ》って五大湖地域に進出した。ついでにフランス人のカナダ経営について言及しておく。彼らの移住人口は少なく、鉄砲やワインと交換にインディアンからの毛皮の獲得をめざした。その際彼らは進んでインディアンを妻に娶《めと》り、インディアンとの同盟関係を強め、その数的劣勢にもかかわらず、北米大陸の支配権をめぐってイギリスと長い間互角に抗争することになる。

中部大西洋岸における最初の植民地建設の契機となったのは、一六〇九年九月、オランダ東インド会社の命をうけた英国人ヘンリー・ハドソンのハーフ・ムーン号のニューヨーク湾来航である。オランダ最盛期の画家レンブラントが生まれた三年後、オランダ船リーフデ号の九州の豊後漂着の九年後のことである。当時オランダは、人口と国土という点では小国だったが、全世界の商業・金融の中心となり、間もなく東南アジアのほとんど全域からポルトガル勢を駆逐し、鎖国日本の貿易をも独占しようとしていた。

ハドソンの目的も東洋にあった。彼はハドソン川を今日のオルバニーのあたりまで遡ったが、東洋への水路は発見できず、翌年毛皮を積んで帰国した。一六二一年に新たに設立されたオランダ西インド会社は、一六二四年に、大半がプロテスタント系ワロン人（フランス語を話すベルギー人）からなる約三十家族をオルバニーに定住させた。翌年、会社はマンハッタン島南部に要塞《ようさい》を建設し、ハドソン川とデラウェア川の流域におけるインディアンとの毛皮交易拠点への航行の安全確保につとめた。ついでにこの島をインディアンから二十四ドル相当の商品で買った。これがニューアムステルダム建設の由来である。

しかし、イギリスと較べて国内体制が安定し、商業的に隆盛にあったオランダは、農業植民よりも貿易活動に専念した。とくに西インド会社にとって、この植民地よりアマゾン流域、西アフリカ、西インドにおける企業活動の方が重要であった。ニューアムステルダムの一六四六年の人口もわずか四百五十人で、一六六四年になっても約千五百人にすぎなかった。にもかかわらず、インディアン諸部族に対し残虐な態度で接したため、厳しい反撃にあって疲弊《ひへい》した。

他方、周辺地域にはイギリス人植民者が着実に進出してきて、ついに英蘭《えいらん》戦争中の一六六四年、イギリスに征服されニューヨーク植民地となった。

しかし、オランダ人はこの植民地にその独得の社会的文化的伝統を存続させた。早くも十七世紀中葉のニューアムステルダムの町には、オランダ人、ワロン人、フランス人、イギリス人、ポルトガル人、スウェーデン人、フィンランド人、ユダヤ人、奴隷としてブラジルに送り込まれた黒人などが住み、十八の異なる言語が語られ、カトリックから再洗礼派にいたる様々な宗派の人々が集まり、彼らの多くは商業利潤の追求に専念していた。今日のニューヨーク市のコスモポリタニズムの伝統は、オランダ人が確立したのである。

また豊かなアムステルダムの宝石商キリアン・ヴァン・レンセラーが、内陸のハドソン川の両岸に、広大な所領、いわゆる「パトルーンシップ」を建設した。レンセラー家をはじめ、この地域の大土地所有者たちは、独立後十九世紀に入って、白人男子普通選挙制度が確立した後まで、小作農民たちを政治的社会的に支配し、小作農たちの地代反対闘争の対象となった。

マイノリティのための新天地「ペンの森の国」

一六一六年、デラウェア河畔のフィラデルフィアに最初に足を踏み入れたのは、オランダ人コルネリウス・ヘンドリクセンであったが、デラウェア川流域最初の白人定住地は、一六三八年スウェーデン人によって建設された。西部の開拓農民の家としてお馴染《なじ》みの丸太小屋を、新大陸に持ち込んだのも彼らであった。しかし一六五五年、オランダ人総督ピーター・スタイヴサントの軍隊に征服され、デラウェア川、ハドソン川、ロングアイランド、ニュージャージーにまたがるニューネーデルランドに統合された。その後一六六四年、これらの地域全体が英蘭戦争によって英国領となった。

この地域のその後の歴史にとって決定的な役割を果たしたのは、ウィリアム・ペンであった。彼はイギリス海軍提督《ていとく》の息子だったが、一六六七年クェーカー教徒になった。この宗派は動乱のピューリタン革命中に生まれ、いかなる主君の命令であろうとも絶対に武器を取ることを拒否するという平和主義者として知られていた。その信者は一六八〇年までに約五万人に達し、その大半は最も貧しい人々であったといわれている。彼らは世俗権力そのものを否定するものではなかったが、各人の中に宿る神聖な「内なる光」を発見しようとして、すべての宗教的権威を否定した。

当時、多くのイギリス人は、ロンドンの中産階級を中心に二人称代名詞「汝《なんじ》」（ザウ）を廃語にしてしまい、「あなた」（ユー）だけを用いるようになっていたが、彼らは仲間言葉として「汝」を頑固に使い続けた。彼らはまた目上の人に対して帽子を取ることをも拒否した。宗教が政治的イデオロギーとして機能していた当時にあって、彼らが厳しい弾圧の対象となることは避けがたかった。

このような宗派に加担していたにもかかわらず、ペンはカトリック信者として悪名高かったヨーク公の知己を得て、その国王即位後、彼の父親の王に対する債権と引き換えに、メリーランドとニューヨークとの間の広大な土地の領主になる特許状を獲得した。かくして、彼の植民地はペンシルヴァニア（ペンの森の国）と呼ばれるようになった。

領主となったペンはクェーカー教徒だけでなく、絶えず迫害の危機にさらされていたヨーロッパの諸宗派の人々に広く門戸を開き、彼らが共存できる安住の地を建設しようとして、「聖なる実験」を試みた。一六八二年の人口は四千人だったが、翌年彼は五十隻の船で三千人を送り込み、一七〇〇年には早くも人口一万八千人に達していた。ペン自身も、その後植民地の寡頭《かとう》支配権を握ったフィラデルフィア商人たちも、その政治思想は保守的であったが、この植民地の寛大な土地配分政策が植民を促進した。

大陸のラインラント地方から多数のドイツ人がやって来て、今日のフィラデルフィアをとりまく諸郡に住みつき、植民地時代から十九世紀にかけて、農産物輸出港フィラデルフィアの繁栄を背後から支えることになった。彼らはペンシルヴァニア・ダッチと呼ばれるようになり、独立革命当時のペンシルヴァニア人口の三分の一を占めた。彼らの中には平和主義宗派のアーミッシュ、メノナイト、モラヴィアンも多く、その子孫たちが今日でもその伝統を守って生活している。映画『目撃者』の母子もそのような人々である。

ペンシルヴァニア奥地には、多数のスコッチ・アイリッシュが十八世紀に入植した。スコッチ・アイリッシュとは、スコットランド低地地方からジェームズ一世の時代にアイルランド北部のアルスター地方に入植した人々であった。そこでは農民や小製造業者としてまずまずの生計を立てていたが、一六六〇年から一七一八年にかけての議会立法によって、毛織物製品や亜麻織物製品だけでなく食肉や酪農製品まで、その輸出品をイギリスおよびその植民地の市場から閉めだされて窮乏化した。しかも長老派の信者であった彼らは、意に反して英国教会を維持するために課税された上、イングランド人不在地主の地代引き上げによって最後の打撃をうけ、イングランド人に対する深い恨みをもって、ペンシルヴァニアとカロライナに向けて、大挙して大西洋を渡った。一七九〇年の第一回合衆国国勢調査時には、アイルランド系が全人口の約一〇パーセントを占め、そのうち五分の三がアルスター人であった。

逆境を生き抜いてペンシルヴァニア奥地に入って来た彼らは、みずからの信仰を堅持し、今度は、異教徒・異人種のインディアンに対し強硬な武力行使をも辞さず、みずからの生活圏の拡大と確保につとめた。彼らはインディアンとの戦いに際して、ペンシルヴァニア政府に支援を求めたが、フィラデルフィアのクェーカー商人が支配していた政府はインディアンとの戦いを嫌い、これを拒否した。奥地に住む彼らは、植民地議会への代議員の数の割り当ての少ないことへの不満の蓄積もあって、独立革命直前の一七六四年、ついにランカスターで平和的なインディアンを虐殺したのち、「パックストン・ボーイズ」と称してフィラデルフィアに進軍した。戦《いくさ》を好まぬ政府も軍隊を召集して、その武力を背景にフランクリンを妥協交渉にあたらせ、やっと難局を切り抜けた。その後独立革命中、スコッチ・アイリッシュは宥和《ゆうわ》政策に固執するフィラデルフィア商人の寡頭支配層の反対を押し切って、反英闘争の急先鋒となった。

4―原住アメリカ人と西インド

フィリップ王の蜂起とイロクォイ帝国

原住アメリカ人、いわゆるアメリカ・インディアンの歴史を合衆国史の中に正当に位置づけることはむずかしい。約二万年前、アジアからベーリング海を渡って今日の合衆国の領土となっている地域に住みついたアメリカ・インディアンの人口は、白人たちが大挙してやって来始めた時、約百万人に達していたといわれている。しかし、彼らは何十もの部族にわかれ、それぞれ相異なる言語と習慣を維持していた。彼らが白人に対抗して一つの民族、つまり原住アメリカ人として団結して自己主張し始めたのは、一九五〇年代以降のことである。

白人と出会った当時、彼らの一部に銅製品の使用がみられたものの、そのほとんどは事実上新石器時代の生活を営んでいた。そして何よりも彼らに不利だったことは、文字らしい文字をもたなかったことである。これは彼らが白人と対抗できる文化を創造することを困難にしただけでなく、彼ら自身の歴史をみずからの言葉で記録に残すことを不可能にした。今日歴史家は、直接彼らの書き残した史料からでなく、同時代史料としては白人の言葉で書き残されたものを通してしか、彼らの主張を聞くことができない。

インディアン部族の側からみれば、白人がやって来たというだけで全くの災難であった。白人の掠奪で飢え死にしたり、鉄砲で殺された人数よりも多くのインディアンが、白人とともにやって来た伝染病で死んだからである。その上、白人が毛布に病原菌をつけて免疫をもたないインディアンに贈り物をした例さえ報告されている。

白人のインディアン抑圧の歴史を列挙し始めたらきりがない。ただ、植民地時代に彼らが白人との出会いの後で起こした、二つの大きな出来事についてだけは言及しておく。一

図3　ノースカロライナ地域のインディアン集落

つは一六七五年、ワムパノワグ族長メタカムが蜂起し、ニューイングランド諸部族がこれに連合して、ニューイングランド植民地連合軍に一大決戦を挑んだ。敗れたりとはいえ、植民地側にも甚大《じんだい》な損害を与えた。これをフィリップ王の戦争ともいう。

いま一つは、イロクォイ大帝国の建設である。この帝国は十六世紀中葉、今日のニューヨーク州内陸地方のハドソン川からジェネシー川に至る地域に住むイロクォイ五部族が、お互いの争いをやめるために結んだ同盟として生まれた。その後、イギリス人とカナダのフランス人との間にあって中立政策の維持に努め、彼らとの交易で手に入れた鉄砲の威力によって、ミシシッピ川以東、北はカナダから南はテネシー川流域に至る広大な地域の諸部族を服属させ、これらの部族が獲った毛皮の取引きを独占し、これを白人に売りつけて繁栄した。

イロクォイ諸部族の武装兵力は、恐らく二千五百人を超えることはなかったといわれている。しかし彼らを通じて毛皮取引きを独占しようとするニューヨークの毛皮商人の思惑に合致したこともあって、この帝国はアメリカの独立戦争期まで存続し、ニューヨーク奥地への白人の進出を抑止した。

西インド諸島とイギリス重商主義

一般にカリブ海諸島といわれている、いわゆる西インド諸島は、北米大陸から海を隔てているし、合衆国が生まれた時これに加わったわけでもない。しかし、英領北米大陸植民地の歴史は、この地域と密接に関係していた。もともとこの海域は、コロンブス以来スペインの支配領域であったが、特にスペイン領大陸植民地と本国とを結ぶ海上輸送の要衝《ようしょう》の位置にあったため、十六世紀末以降、イギリスを先頭にオランダ、フランスがこの地域への参入を試み始めた。

十七世紀に入りイギリスはセント・クリストファーとバルバドスでタバコの栽培を開始し、一六四〇年までに英領西インド諸島だけで約四万人の植民者がいた。その後この地域のタバコはチェサピーク湾との競争に押されるようになり、代わってオランダ人が売り込む黒人奴隷を使った大土地所有制に基づく砂糖プランテーションが発展し、過剰人口となった白人はサウスカロライナに向かった。その後フランスやスペインも西インドでの砂糖生産に乗り出した。

イギリス本国の商人資本家たちにとって、西インドの砂糖プランテーションは植民地時代を通じ最大の投資先となり、本国に住む不在所有者たちは議会内に強力な圧力団体を形成し、大陸植民地商人の利害を抑えて一七三三年、英領西インド産品を保護する糖蜜条例を通過させる実力を示した。しかし、西インド砂糖プランテーションの発展は、北米大陸の経済発展にも大きく貢献した。西インドが砂糖生産に専念するようになるにつれて、大陸の中部や南部の植民地は西インドに大量の食糧を輸出することができるようになった。特に中部植民地はヨーロッパ向け輸出とも合わせて穀物輸出で栄え、「パン植民地」とも呼ばれた。

白人人口の多いニューイングランドは、加工用原料鉄、海産物と木材製品以外にはほとんど輸出産業がなく、本国から輸入する工業製品に対する支払い手段の不足に苦しんでいた。しかも本国議会は一六九九年に毛織物条例を、一七三二年に帽子条例を、一七五〇年には鉄条例を制定し、それぞれの製品に保護関税を課し、植民地の工業発展を抑圧した。西インドこそ、当時のニューイングランドにとってフロンティアであった。

すなわち、十七世紀後半、イギリス商人がオランダ商人に替ってアフリカ奴隷貿易に本格的に乗り出し、奴隷を西インドに売り込み、そこで手に入れた糖蜜を本国に持ち帰り、これで作ったラム酒を支払い手段としてアフリカに奴隷を買いに出かけるようになったが、ニューイングランド商人もこれに便乗したのである。糖蜜条例によって外国領西インドの安い糖蜜の輸入に対して関税が課されたが、植民地商人はこれを全く無視して密貿易でフランス領西インドの安い糖蜜を輸入して、奴隷貿易を有利に展開したのである。

本国から派遣された役人たちもこれを取り締まらなかった。さらに、イギリス重商主義体制下にあって、この法律の厳守を求めない人々が本国にもいた。植民地がこの密貿易で手に入れた外貨があったからこそ、本国の製造業者たちは植民地に製品を売り込み続けることができたのである。独立革命中、英国の親植民地派のエドマンド・バークはこれを称して「有益なる怠慢」と呼んだ。

第二章　アメリカ独立革命

ニューハンプシャー（1788）

マサチューセッツ（1788）

コネティカット（1788）

1──英仏戦争から本国・植民地間抗争へ

スペイン継承戦争から七年戦争まで

十八世紀の大西洋は、英仏の覇権《はけん》を賭けての抗争の舞台であった。アメリカ独立革命も、両国の利害が鋭く対立する国際政治の枠組みの中で起こった。ヨーロッパ史でいう「スペイン継承戦争」は、新大陸では一七〇二年から一七一三年までの「アン女王の戦争」として戦われた。英国側の新大陸に関する戦争目的は、フランスとスペインの連合によって英領植民地が両国の植民地に包囲されるのを阻止することにあった。一七一三年のユトレヒト条約によって、フランスはセントローレンス川の航行拠点は維持したが、イギリスはニューファウンドランド、ノヴァスコシア、ハドソン湾沿岸の領土を手に入れ、さらに年間四千八百人の黒人奴隷をスペイン領植民地に輸出する権利を獲得した。

英国商人は限定的とはいえスペイン領海域への立ち入りが認められると、それを足がかりに盛んに密貿易を行った。こうした状況の下で、スペイン官憲側に密貿易の科《とが》で捕えられ、耳を削《そ》ぎ落とされたロバート・ジェンキンズ船長が、削ぎ落とされた自分の耳をもって本国議会に現れ復讐を訴えた。かくして「ジェンキンズの耳戦争」（一七三九年～一七四二年）が始まり、これが欧州の複雑な外交関係の中でイギリス・オーストリア対プロイセン・フランス・スペインとの間で戦われた「オーストリア継承戦争」（一七四〇年～一七四八年）の新大陸における一局面となり、英国は一七四四年フランスに宣戦を布告し「ジョージ王の戦争」を開始した。

この対仏戦争で、ニューイングランドの植民地軍は多大の犠牲を払ってセントローレンス湾の入口にあるルイーズバーグ要塞を攻略した。フランスの私掠船を排除し、ニューファウンドランド漁場を確保するために必要だったのだ。しかし本国は一七四八年の講和に際し、インドのマドラスとの交換にこの「新世界のジブラルタル」をフランスへ返還してしまった。

アメリカ人のいう「フレンチ・アンド・インディアン戦争」、すなわちイギリスとフランス・スペイン間で戦われた「七年戦争」の直接の原因は、フランス軍とヴァージニア人とのたび重なる衝突にあった。フランスはオハイオ川流域にインディアンとの毛皮取引きのための拠点を確保しようとし、ヴァージニアの大プランターたちはこの地域に対する植民地の領有権を主張し、オハイオ会社を作って土地投機に乗り出そうとしていた。今日のピッツバーグが攻防の要衝となり、大プランター、ジョージ・ワシントンも小部隊を率いてこの前哨《ぜんしょう》戦に参加していた。

イギリスはこの戦争で一七五六年から一七六三年にかけて、フランスとインディアンとの連合軍を相手に戦うことになったが、全面的勝利を勝ち取って、カナダおよびミシシッピ川以東の地域の領有権をフランスに認めさせた。またフランスは同じブルボン王家の支配する同盟国スペインにミシシッピ川以西の地を譲り、イギリスはスペインからフロリダを手に入れた。そしてインドでもイギリスはフランスを破った。しかし、このイギリスの覇権の確立を画《かく》するかに見えた戦争が、実は、新大陸における英国の植民地支配体制の崩壊の序幕となるのである。

「有益なる怠慢」の終焉

アメリカ独立革命は土地と税金のために起こった――これは日本における米国史研究の

先達の言葉であるが、これほどアメリカ独立革命の真髄を庶民的な言葉で言い当てた名文句はない。フランス国王の軍隊はイギリスと戦って敗れ、ケベックのフランス人入植者とインディアン諸部族を残して去った。イギリスの毛皮商人はインディアンとのこれ以上の戦争の継続に反対し、戦費の負担にあえいでいた本国政府は慌《あわ》てて国王宣言線を設け、植民地人のアパラチア山脈以西への移住を禁じた。

これは穏当な政策であった。しかし、本国政府には植民地の荒々しい政治的現実を統制する断固たる意志がなかった。ワシントンはこれは「インディアンの心を宥《なだ》めるための一時的な便法」であるとうそぶき、ヴァージニア人やペンシルヴァニア人は初めからこの法律を無視して西へ進んだ。その後本国政府は無原則的に現実を追認し続けた後、一七七四年ケベック法を制定し、オハイオ川以北の地をカナダのフランス人居住地域であるケベック植民地に併合してしまった。これはこの地域の領有権を主張していたマサチューセッツ、コネティカット、ヴァージニアの植民地の人々の要求を無視することになった。彼らはこの地を手に入れるためにこそ七年戦争を戦ってきたのである。

英国の最大の課題は、七年戦争による厖大《ぼうだい》な国債を抱えながら、新たに獲得した広大な領域を含めて、新大陸をいかに帝国体制の中に組み込んで経営していくかにあった。一七六〇年に即位したジョージ三世の下での議会には、この難局を乗り切るのに必要な安定した多数派も強力な指導者も存在しなかった。一七六四年砂糖法が制定され、糖蜜条例の関税率が引き下げられたが、本格的に税収を確保するために、すでに七年戦争中から始まっていたフランス領西インドとの密貿易に対する取締りが強化された。かつては密貿易で検挙しても、植民地人の陪審員たちは仲間を無罪放免してしまったが、今や陪審員ぬきの海事裁判所で裁かれることになった。またこの年に通貨法が制定され、七年戦争中の出費を賄《まかな》うためヴァージニアをはじめ各植民地で紙幣を発行していたが、戦後の不況期にこれが全面的に禁止された。「有益なる怠慢」の政策は終わろうとしていた。

しかし、植民地時代を通じて、各植民地が一致して行動することはほとんどなかった。各植民地内においても商品流通網は十分に発達しておらず、その政治的統合も進んでいなかった。たとえば、マサチューセッツのタウンやヴァージニアのカウンティのような地方自治組織は、かなり広範な生活領域にわたって、政治的自律性を発揮していた。しかも植民地相互間でも領地争いをしていたので、アメリカ人としての連帯などというものは存在しなかった。一七三〇年代から一七四〇年代にかけての第一次大覚醒と呼ばれる信仰復興運動は、ニューイングランドから南部に至るまで、またたく間に波及して各植民地の枠を超えた運動となった。この出来事は、アメリカ国民意識形成の土台となったものとして評価されている。しかし七年戦争の直前、七植民地の代表が集まり、フランスの脅威に対して政治的軍事的連合を組むことを採択したが、これに批准する植民地は一つもなかった。ましてフランスとインディアンとの連合の脅威に晒《さら》されていた植民地が、本国を相手に結束して抵抗運動を展開するなどということは考えられなかった。

印紙条例一揆

全植民地にわたっての抵抗運動出現の契機となったのは、一七六五年三月、本国議会における印紙条例の通過であった。植民地人は、この法律により、商取引や司法上の書類、当局の出す許可書、新聞、パンフレット、暦《こよみ》、トランプ、さいころ、酒屋の営業認可書等、広範に課税されることになった。砂糖法は北部の商人階級とその利害関係者以外には直接の影響を及ぼさなかったが、印紙条例は法律家、印刷業者、新聞発行者、居酒屋の亭主等、植民地社会の世論に影響力をもつすべての人々の利害にかかわるものであった。しかも議会は軍隊宿営条例を制定し、民家に強制宿泊し、物資を調達させ、その費用は植民地政府に支払わせようとした。植民地側も応分の負担をすべしということである。

しかしこれは植民地側から見れば、前代未聞の出来事であった。自分たちの代表が参加していない本国議会が、自分たちの同意もなしに自分たちに課税するなんてことは、これまで一度もなかったことだし、今後も許さるべきことではなかった。砂糖法にしても、一見これまでの関税と変わらないように見えるが、その政策目的は、通商規制から新たな歳入確保へと変質しつつあった。そして「よそ者の」軍隊の常駐など、考えただけでも嫌悪感をもよおした。

一七六五年五月二十九日、パトリック・ヘンリーがヴァージニア植民地議会で、植民地議会の制定せざる法律に従う義務などなし、と主張する決議案を提出した時、新聞はただちにこれが可決されたかのごとく報じた。各地の煽動者《せんどうしゃ》たちは植民地の境界を超えた組織を作り、「自由の息子たち」などと名乗って英国製品の不買運動を展開した。ボストン、ニューポート、ニューヨーク、フィラデルフィア、チャールストンなどの港町では、商人たちによって組織された「暴徒」が印紙条例施行の協力者の家を襲い、脅迫した。八月、ボストンの暴徒は海事裁判所の記録を焼き払い、マサチューセッツ裁判所長官トマス・ハッチンソンの豪邸を打ち毀《こわ》し、「最後の一枚のシャツ」まで掠奪し破壊した。

かくして一七六五年十月、十三植民地のうち九植民地から三十七人の紳士たちが集まり、決議案を採択した。アメリカの紳士たちも、キュロットを穿《は》き、粉をふりかけた鬘《かつら》を被《かぶ》っていた時代である。まずは威儀を正して本国議会に対する信従の挨拶を恭《うやうや》しく申し述べた後、議会の植民地に対する課税権をきっぱりと否定した。本国議会と植民地側指導者との間には、もはや論理的には事実上妥協の余地のない見解の対立が顕在化した。問題は政治がこれにどう対処するかであった。十一月一日、法律施行日がきても植民地では政府印紙の販売は強行できなかった。醒《さ》めた目で事態の成り行きを注視していたベンジャミン・フランクリンの本国議会での証言によれば、「軍隊の力によって強制される以外には」、税率の手直し程度では、施行は絶対に不可能であった。

ボストン虐殺事件

印紙条例を強行しようとした英国グレンヴィル内閣は退陣し、条例も撤回された。しかし、本国政府の植民地課税方針は変わらず、とりわけ本国議会は、自己のイギリス臣民代表としての独占的な課税協賛権に対する植民地の挑戦を容認することはできなかった。その後、西部に駐屯《ちゅうとん》していた軍隊が東部都市に呼び寄せられ、一七六七年、タウンゼンド諸法が制定され、軍隊宿営法に従わないニューヨーク植民地議会が解散され、新たな広範囲にわたる関税が課された。しかし今回も、植民地側の不買運動にあって失敗した。一七七〇年までにタウンゼンド法によって二万一千ポンド弱徴収されたが、不買運動によるイギリスの商工業がこうむった損害は、その前年だけで七十万ポンドに達すると評価されている。他方、印紙条例一揆以来の動員の中心となった都市の職人たちにとって、製品輸入反対は彼らの直接的利害に合致するものであった。南部のプランターでさえ債務に苦しんでいたので、見栄をはっての贅沢《ぜいたく》品購入をやめる口実ができたので、これを歓迎したという。

この間マサチューセッツでは、知事と植民地議会との紛糾《ふんきゅう》が続いた。実力で議会を支援する民衆を威圧するため、人口一万五千人のボストンの町に四千人もの軍隊が送りこまれた後、一七七〇年五月、五人のボストン市民が兵士に殺された。後に独立運動の急先鋒となる弁護士ジョン・アダムズは、この時兵士側の弁護に立ち殺人罪を免れさせ、その結果、兵士たちは間もなく釈放された。植民地側はこれを「ボストン虐殺事件」と呼んで、反英運動の材料として宣伝した。

タウンゼンド諸法が撤回された時、茶税だけは「議会至上権の標章」として残された。大西洋をはさんで政治家たちは一七六三年以前の状況への復帰を呼びかけ、事態は鎮静化し収拾されるかに見えた。しかし、マサチューセッツのサミュエル・アダムズのような闘士たちは、この「標章」すら許さなかった。彼はハーヴァード大学出の法律家だったが、彼の父親は一七三九年に土地銀行設立運動を支持して、植民地内の特権集団と対立し、イギリス当局によって阻止された上、地方の公職まで剥奪《はくだつ》されていた。彼の場合、反英闘争は親子二代にわたる植民地内権力闘争と結びついていた。

図4　ボストン茶会事件を描いた絵

ボストン茶会事件

一七七三年、本国議会は東インド会社の危機を救済するため、本国での正規の輸入税を払わずに植民地へ茶を輸出することを許可した。会社と取引きのできない商人たちはこれを独占とみなし、ロードアイランド、フィラデルフィア、ニューヨークでは「暴徒」が町を支配した。ボストンではイギリス軍に護《まも》られたトマス・ハッチンソン知事が会社の茶の陸揚げを強行しようとして民衆と対峙していた。一七七三年十二月十六日深夜、サミュエル・アダムズの指揮を受けた一群の人々がインディアンに変装して、ボストン港に停泊中の会社の船に乗り込み、お茶を海中に投げ込んだ。いわゆるボストン茶会事件である。

本国政府はマサチューセッツに対しボストン港閉鎖などの一連の厳しい懲罰《ちょうばつ》措置を発表

し、他の植民地はこれに反発してマサチューセッツを支持した。前述の一七七四年ケベック法の制定が、火に油を注いだ。西部にフランス人のカトリック植民地を建設し、プロテスタント植民地を牽制《けんせい》、抑圧するものと受け取られた。一七七四年九月、ジョージア以外の十二の植民地の代表がフィラデルフィアに集まり、植民地の武装と英国との通商断絶を決定した。これが後に第一回大陸会議と呼ばれるようになる。

一七七五年四月十九日、最初の軍事衝突がボストン郊外のレキシントンとコンコルドで起こった。英国軍はこの作戦で若干の敵の鉄砲と弾薬を破壊したものの、ボストンへの帰途、柵や林の中から飛んで来る銃弾に痛めつけられ、農民兵相手に二百七十三人もの死傷者をだした。アメリカの農民はただの百姓ではなかった。鉄砲を持ってやって来て、インディアンを駆逐して定住した、いわば屯田兵《とんでんへい》とでも言うべき恐るべき人々であった。英国軍はその後の独立戦争中、しばしばワシントン指揮下のアメリカ正規軍を圧倒して窮地に追い込んだが、農民ゲリラに行動を制約され、決定的勝利を収めることができず、勝機を逸することになるのである。

この軍事衝突の直後の五月十日、フィラデルフィアで第二回大陸会議が開かれ、ジョージ・ワシントンが大陸軍の最高司令官に任命され、本国側も徹底弾圧の決意を固めたので、同年暮れには植民地の独立宣言は不可避となった。しかし植民地側の世論はまだイギリス国王の臣民たることを自己否定していなかった。特に植民地の要《かなめ》に位置する中部のニューヨークやペンシルヴァニアの指導者たちは慎重であった。結局、植民地人はイギリス国王に忠誠を誓いながら、国王の派遣した知事以下の役人をひっとらえ、国王の軍隊と戦っていたのである。

彼らの論理によれば、自分たちを抑圧しているのは議会の立法であって国王ではなかった。この論法は、彼らが妥協の可能性を追求する限り有効であった。少なくとも自分で納

図5　ジョージ・ワシントン

図6　トマス・ペイン

得することができた。しかし、状況が許さなくなった時、この論理は捨て去るしかなかった。そのことは同時に、君主制を否定して共和主義者になることであった。この世論転換のための助産婦役を果たしたのが、トマス・ペインの『コモン・センス』であった。彼はコルセット製造職人の息子で、いろんな職についたが成功せず、一七七四年末、ロンドンにいたフランクリンの紹介状を持って、職を求めてフィラデルフィアに来た人物であった。その平民的な文章の平易さと君主制を否定し共和制を勧《すす》める論旨の単純明快さもあって、三ヵ月間に十二万部も売れたという。当時、植民地人口は二百万をやっと超えた程度であった。

2——独立宣言から憲法制定へ

独立宣言

ついに大陸会議は、一七七六年七月四日付で『独立宣言』を発表することになった。この宣言書は、最近の研究によれば、主として植民地人自身を説得するために出されたとされている。本文ではまず、「生命、自由、および幸福の追求」という言葉で有名な、平等

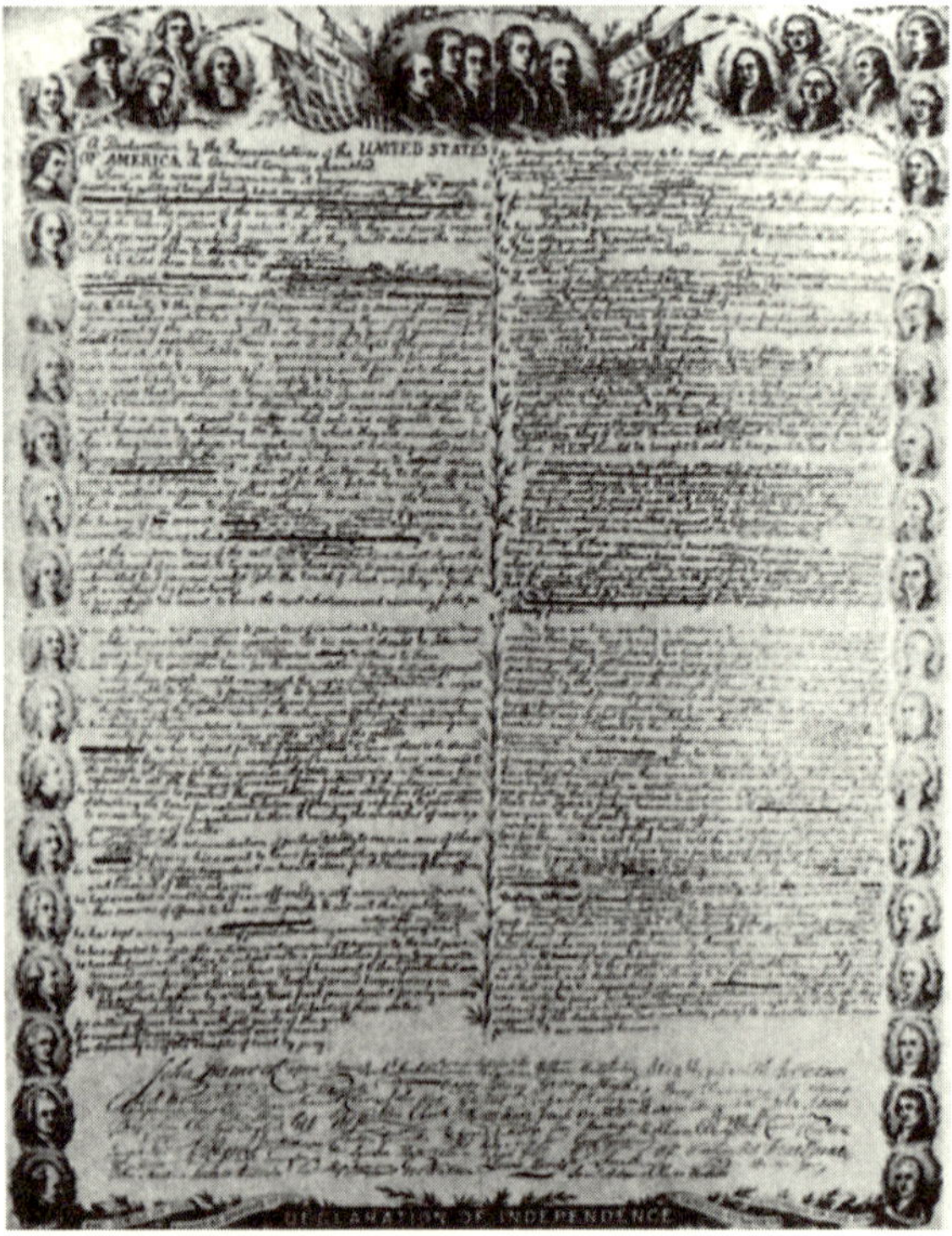

図7　独立宣言草稿の一部

な天賦《てんぷ》の人権について手短に宣言し、しかも性急な反逆を戒《いまし》める保守主義の立場を鮮明にした後、本国議会のことにはほとんど言及せず、国王の悪業についての告発が二十六件もの事例を挙げて延々と繰り返し述べられている。離縁話ではよくあることだが、これは植民地の指導者たちが、いかにイギリス国王の臣民であることに執着していたかを示すものである。

この国王に対する悪口雑言は大変面白いが、別の機会に自分で読んでいただくことにして、この独立宣言書の形式についてひとこと付け加えておく。宣言の前書きの部分は、国際社会を支える「人類の意見」に訴えるという形式を採用している。この点も無視すべきではない。指導者たちは、独立宣言という儀式そのもののもつ国際政治上の効果を十分意識していたと見てよい。ありていに言えば、みずから和解への退路を断ち、不退転の態度をとることによって、ヨーロッパ、とりわけイギリスの宿敵フランスの援助と参戦を期待していたのである。ワシントン軍のロングアイランドでの緒戦の敗北もあって、フランスとの交渉は手間取ったが、一七七八年六月、フランスの参戦を勝ちとった。さらに同じブルボン王家のスペインも、ジブラルタルとフロリダの奪還を目指して参戦した。

イギリス政府は野党の反対もあって、同じイギリス人同士の戦《いくさ》に国民を総動員することはできなかった。ドイツの弱小諸侯から雇兵の提供こそ受けたものの、やがて一七八〇年、ロシアを中心にヨーロッパのほとんどの海運国の武装中立同盟が結成され、イギリスは外交的に全く孤立した。そして一七八一年十月、ワシントン軍に追い詰められたイギリスのコンウォーリス将軍が、ヨークタウンでフランス艦隊に脱出口を封鎖され降伏し、戦争は事実上終結した。

パリ講和――革命派の実利外交

アメリカは開戦と同時にカナダ併合を企図して遠征隊を送り、カナダ戦線におけるフランスの支援を求めた。しかしフランスはこれには同意しなかった。フランスはアメリカを同盟国として引き留めておくためには、カナダをイギリス領のままにしておくことが得策と考えた。スペインは強大なアメリカ共和国の出現が自己の植民地の独立運動を刺激することを恐れた。独立戦争の開始以来、イギリスと合衆国とフランス・スペインとの三者間で虚々実々の戦時外交が続いていた。しかも、スペインは独自の利害をもち、合衆国のアパラチア山脈以西への進出に反対した。合衆国には自力でこの広大な地域を軍事的に確保する力はなかった。講和会議ではフランスはスペインを支持した。イギリスは米仏間に楔《くさび》を打ち込むべく、アメリカに単独講和を働きかけた。

一七八三年のパリ講和では、形式的には、フランス・スペインがイギリスと講和し、その後でアメリカが講和することになった。合衆国はカナダ獲得を断念したが、独立の承認とミシシッピ川以東の地を得た。スペインは米英の突然の接近のためジブラルタル奪還は断念したが、フロリダを取り戻した。フランスは新世界では西インドのトバゴ島とセントローレンス湾の二つの島を得ただけであったが、久しぶりにヨーロッパ外交で勝利者の役割を演じてイギリスの大西洋支配体制の確立を阻止した。イギリスは外交的孤立を脱し、最大の外国市場アメリカへの輸出が再開された。

パリ条約が締結された直後、十月に最初のオランダ公使がフィラデルフィアに上陸した時、信任状を手渡すべき政府はそこになく、十日後にやっと政府がニュージャージー邦（州）プリンストンにあることが判った。しかもそのオランダ語の公文書を読める人を探すのにまたその後十日かかった。当時合衆国政府の役割を果たすことになっていた連合会議は、

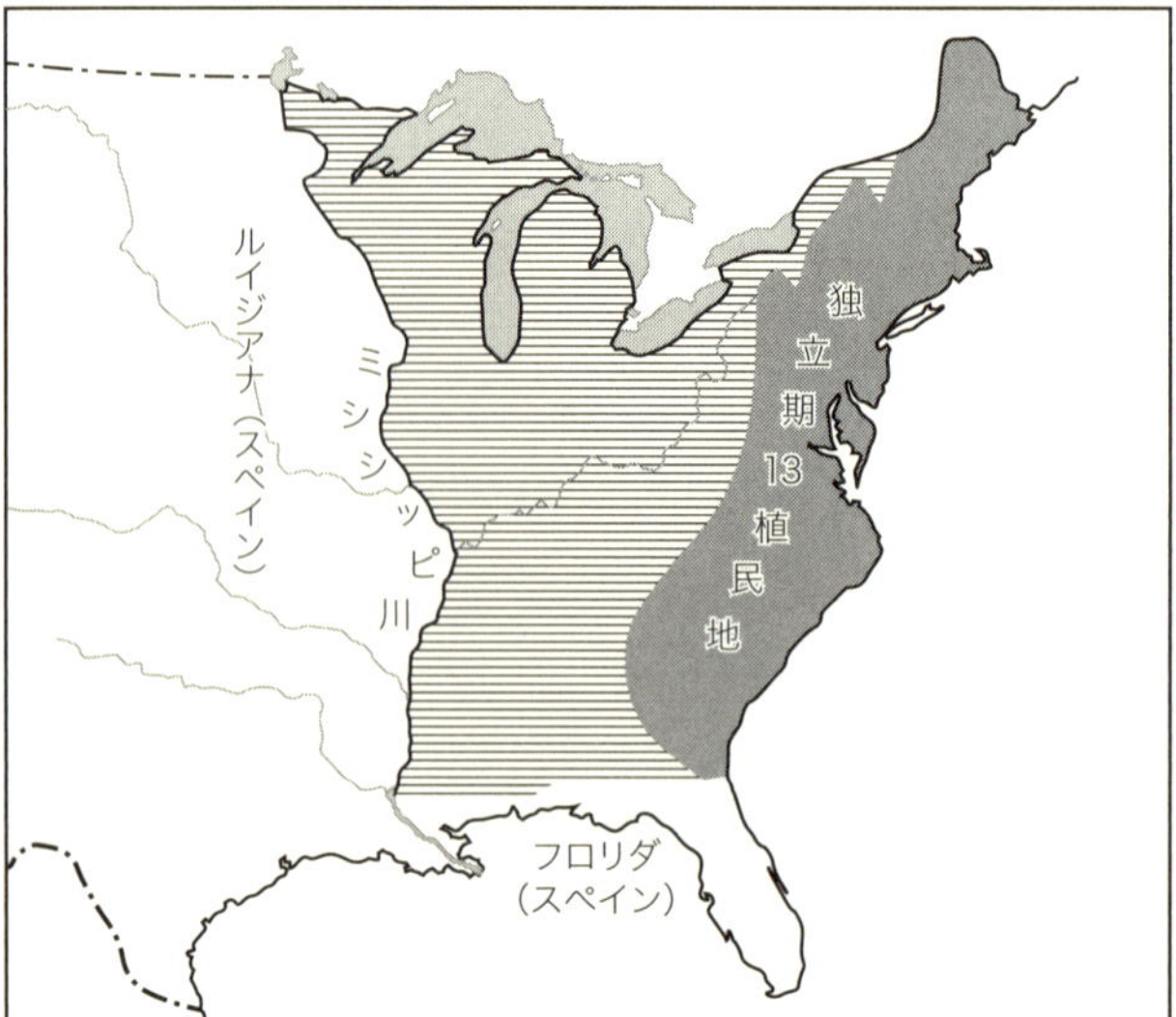

図8　パリ講和による合衆国領土（1783）

軍隊の給料も払えず、ペンシルヴァニア連隊の叛乱にあって逃げ回っていたのである。連合政府には直接人民に課税する権限もなく、各邦政府は連合政府の財政難などいっこうに気にせず、拠金《きょきん》の要請には応ぜず、戦争が終わってしまえば連合政府など事実上なくなってもよいと考えている人々も少なくなかった。前途多難であった。

講和後も合衆国には大きな外交課題が残った。米英はミシシッピ川の相互の自由航行に同意したが、スペインはこれを認めなかった。ミシシッピ川は十九世紀中葉に鉄道が建設されるまで、アパラチアの西の運輸動脈であった。南西部に入植した人々の中には、合衆国市民であるよりは、ミシシッピ河口を支配しているスペイン人に忠誠を誓って運輸を確保した方が得だと考える者もいた。

借金をめぐる攻防

合衆国はパリ講和で、イギリスの債権者の植民地人に対する戦前の債権の取り立ての権利を認めるとともに、忠誠派つまりイギリス派として追放され、財産没収にあった者の帰国と財産の補償を、諸邦（州）に「誠意をもって勧告する」ことを約束した。講和締結の責任主体が、自己の戦争行為に伴って生じた損害の補償を、自己の責任として引き受けず、他者に「誠意をもって勧告する」とは、いかに戦勝国とはいえ、あまりにも「誠意」のない態度であるようにみえる。

果たせるかな、六万から八万に達するといわれている忠誠派の処遇に関しては、ほとんどの邦が勧告を無視した。戦後になっても財産が没収されたり、帰国した忠誠派がタールと羽根を塗りつけられて、晒《さら》しものにされることさえあった。最終的にはイギリス政府が五千人の忠誠派の人々に対し、アメリカで失った財産の補償として三百三十万ポンドを支払った。

戦前の債務の返済保証も容易でなかった。ヴァージニア人の中には、「今自分たちがイギリス商人への借金を返済しなければならないのなら、これまでいったい我々は何のために戦ってきたのだろうか」と反問する人々すらいた。独立を宣言する過程で、ほとんどの植民地は、従来の総督が指揮する植民地政府の外に新たに革命政権を樹立した。そしてこれらの政権は、民衆を動員するために選挙権を拡大するなどして、政権の基盤を拡大した。この新たに政治に参加してきた民衆の圧力をうけて、各邦政府は国内の債権者の借金取り立てさえも制限しようとしていた。これは戦後における戦時インフレからの脱出過程で、債務者の苦境を緩和するための窮余《きゅうよ》の策であった。旧敵国商人だけを優遇できるわけがなかった。この問題で合衆国政府は邦政治に介入する権限も政治力もなかった。合衆国政府が最終的に六十万ポンドを支払うことを約束して問題を解決したのは、一八〇二年のことであった。

諸外国には、このような合衆国は早晩分裂することになるとみなす者も出てきた。イギリスはナイヤガラ、デトロイトなど撤退を約束した軍事拠点を占拠し続け、イギリス商人の債権や忠誠派の処遇の問題での約束の履行《りこう》を迫った。結局、債権の問題は国際問題であると同時に重大な内政問題であった。

各植民地は通貨不足に悩まされ、しかもイギリス重商主義体制の強化とともに通貨発行を厳しく規制されていた。合衆国政府と各邦政府は、独立宣言以後この規制から解放され、戦争遂行に必要な厖大《ぼうだい》な出費を賄《まかな》うため政府紙幣を発行した。この軍需支出のための通貨供給は、これまで大西洋沿岸地域に限られていた貨幣経済を内陸地域にまで浸透させ、国内商品流通を発展させた。しかし大量の政府紙幣の発行は、当然、紙幣の市場価値の下落を伴い、借金の返済を下落した通貨で受け取らされる債権者たちの不満をつのらせた。

平和回復後、債権者たちは政府紙幣の発行に対する反対を声高に叫びだした。特に復活した国際貿易に利害関係をもつ東部沿岸の商人資本家たちは、国内の債務者からの支払いは政府紙幣で受け取ることを強いられ、対外債務の支払いには正貨を支払わねばならなかったのでこれに強く反対した。かくして課税強化による財政の立て直しが始まった。他方、戦時需要の減退に伴う突然の不況に、債権者たちは内陸地方の農民や小売り商人に対する債権の取り立てに乗り出したので、内陸地方の人々は窮地に陥った。

ついに一七八七年一月中旬、マサチューセッツ西部で復員軍人シェイズ大尉に率いられた農民一揆が起こった。一揆は鎮圧されたものの、その直後の選挙では農民同情派が勝利し、一揆参加者は処罰されず、減税法と債務差し押さえ制限法が制定された。他の諸邦でも紙幣発行が継続されたり、債務者保護立法が制定された。このような状況が続くなかで、合衆国政府および諸邦の公債の市場価格は、額面価格を大きく割りこんで低迷を続けた。

債権者こそ「紳士」

十八世紀後半のアメリカは同時代の旧世界とちがって、国土に比して労働力が著しく不足していた。このような条件は、奴隷という人間までを財産化したが、資産としての土地の価値を低めることになった。土地だけもっていても働き手がいなければ、一文の値打ちにもならないからである。したがって、アメリカ建国史家ゴードン・S・ウッドによれば、アメリカの金持ちは、南部プランターをふくめて、恒産《こうさん》としては土地よりも他人に対する債権を重視する傾向があった。

極端な言い方をすれば、公債制度や株式会社制度が発展していなかった前工業化時代のアメリカ植民地にあっては、個人と個人との人格的信義に基づく契約の結果としての債権こそがまさしく私有財産であった。特に北部社会においてはそうであった。若者に勤勉節約の評判こそ他人の信用を得て金を自由に借りることができる秘訣であると説教する『フランクリン自伝』の有名な一節は、今日の我々にはいかにも陳腐《ちんぷ》である。しかし、諸個人間の債権こそが私有財産であった当時の人間関係の文脈の中で、その社会で功なり名をとげ実業から引退した人の、財産管理哲学の楯《たて》の反面として読めば、そのリアリティは実感できるように思える。そして大土地所有者と、恒産を築いて商工業などの実業から引退した人々のみが、他人に依存せずに独立して生活できるので、公平を旨《むね》とする国政の指導を託しうる本当の「紳士」であるとする考え方は、指導層の中に根強く残っていた。

図9　ベンジャミン・フランクリン

　フランクリンに代表されるような人々にとって、債権者の権利を侵害し、価値の下落した紙幣を発行し続ける邦政府を放置することはできなかった。これを統制する強力な中央集権政府がぜひとも必要であった。債権者の利害を侵害する邦議会多数派の「専制」に対する批判は、北部の大商人だけでなく、ワシントンのような大プランターやジェームズ・マディソンのような教養ある南部人の間でも強まった。

連合規約と「邦」

当時の合衆国政府は、各植民地を受け継いだ十三諸邦によって一七八一年に結ばれた『連合規約』に基づいて運営されていたので、連合政府とも言われている。連合政府は各邦の代表の会議によって構成されていたが、その代表の俸給は各邦により支給され、各邦は代表をリコールすることができた。会議は代議員数に関係なく、各邦一票で評決された。重要議題は三分の二の賛成で決められた。執行機関としては各邦一人ずつで構成された委員会があるだけであった。政府は条約や同盟を締結し、宣戦・講和を取り決め、各邦間の紛争を解決し、借款《しゃっかん》することもできた。しかし政府には、肝心の国民に直接課税したり徴兵する権限がなく、国防軍の維持のためには各邦への兵員と拠出金の割り当てを決めることができるだけであった。そして連合会議に権限の委譲が明記されていない権限は、すべて邦政府に属することになっていた。

いったいこれは近代的な意味での国家なのだろうか。むしろ主権国家間でとり結ばれた軍事同盟条約ではないかという疑問が出ても不思議ではない。日本のアメリカ史研究者たちは、ステイトという米語を普通「州」と訳すのに、独立宣言から連合規約の時代の終わりまでに限って、主権国家的含蓄を込めて「邦」と訳す慣行を続けている。この訳し分けは、州（邦）憲法その他、連合規約時代とその後の時代を通じて実体として存在したステイトの連続性を、外国の歴史家が恣意《しい》的に分断することになりかねない。しかし、連合政府の権限の弱さを印象づけて説明する便法としては、利点もあるということは了解してもらえたと思う。

憲法制定会議

強力な中央集権政府樹立の動きは、一七八七年五月、憲法制定会議の召集とともに本格化した。全国から五十五人の代表が集まり、ワシントンを議長に秘密会議が続けられ、九月十七日に最終的な憲法草案が完成した。この会議には、外交官として海外にあったトマス・ジェファソンとジョン・アダムズを除けば、八十一歳のフランクリンをはじめ、戦争中、連合政府の財政を担当した大富豪のロバート・モリス、ペンシルヴァニアを代表するスコットランド移民の論客ジェームズ・ウィルソン、後に合衆国初代財務長官として建国財政で偉大な指導力を発揮したアレクサンダー・ハミルトンなど、当時のほとんどの有力政治家が参加していた。そしてこの会議を指導したのはジェームズ・マディソンであった。彼は後にこの憲法の批准を訴えるために健筆を揮《ふる》い、ジョン・ジェイ、A・ハミルトンとともに論説集『フェデラリスト』を出版したこととあわせて、合衆国憲法の哲学者と呼ばれるようになる。

会議では各邦間の利害対立を背負った白熱の論戦が展開され、あるデラウェア代表などは、場合によっては合衆国を離脱して外国と同盟する邦も出てこようと警告した。しかし、五十五人の代表のうち、四十一人が憲法制定直後に政府公債を所有していたし、少なくとも十四人が土地投機会社の株をもち、少なくとも二十四人が他人に金を貸しており、少なくとも十一人が商業・製造業・運輸会社の株をもち、少なくとも十五人が奴隷所有者であった。要するに彼らのほとんどすべてが、いわゆる「紳士」であった。

したがって意見の相違から脱落した者もいたが、むしろ全体として広範な意見の一致が存在していた。とりわけ、肌合いの違いはあるものの、「民主主義の行きすぎ」はなんとかしなければならないという点では共通の認識があった。新しい憲法案に盛り込まれた三権分立制度の下での大統領の間接選挙制度や上下二院制度は、「民主主義の行きすぎ」に対する予防機構となるはずであった。そしてなによりも交通不便な当時にあって、下院でさえ広い全国から集まるわずか六十五人で構成されることになっており、邦議会とちがって、財産をもち教養豊かな人々が集まるはずであった。

新憲法案では、邦政府が紙幣を発行したり、私的契約関係に介入することを禁じ、新しい連邦政府に直接国民に課税する権限を認めることによって、政府公債の元利償還の財源を確保し、政府の公信用を確立しようとした。軍隊も直接徴兵できるようになり、対外紛争だけでなく諸州内での叛乱に際してもこれを動員できるようになった。これまで連合政府は諸邦間の通商を規制する権限をもたず、戦後イギリス製品の大量流入による金・銀貨の流出にも対応手段がなかったが、国内通商規制と対外関税徴収の権限が付与された。これは辺境の地に居すわっているイギリス軍の撤退や、戦後アメリカ商人に対して閉ざされたイギリスおよび西インドその他の英領植民地市場を開放させるための、交渉手段ともなるはずであった。

権利の章典

憲法案は各邦で特別に召集される憲法批准会議によって審議され、九邦の批准によって成立することになった。アメリカ人はこれまでロンドンの中央政府に対して地元の各植民地議会を拠点に抵抗し、みずからの邦政府を樹立し独立を勝ちとってきた。したがって、邦主権を否定する中央集権化には反対が強かった。かくして憲法支持のフェデラリストとこれに反対する反フェデラリストとの間で、各邦内で鎬《しのぎ》を削《けず》る政治闘争が展開された。

国際貿易邦ロードアイランドを除けば、東部沿岸の小さな邦は、通商問題で連邦政府による大邦の力の制御を望み、憲法に賛成した。スペイン領と境を接しているジョージアも、強力な連邦政府の後ろ盾を必要としていた。四大邦のうち、ペルシルヴァニアでは批准派が反対派を強引に押し切ったものの、マサチューセッツでは反対派が優勢だった。憲法制定後「権利の章典」を憲法修正として追加することを約束して、代議員票百八十七対百六十八でやっと批准にこぎつけた。ニューヨークとヴァージニアの場合、一七八八年六月、すでに九邦が批准し、事実上連合規約体制が崩壊した後になって、批准に踏み切った。その際にも代議員投票数は、それぞれ三十対二十七と八十九対七十六の僅差《きんさ》であった。

賛否の支持基盤は、南部とか北部とかの特定の地域ごとに分かれていなかった。白人人口の圧倒的多数を占めていた農民の場合、各邦内部で海港都市の商人資本家の影響力の強く及ぶ東部の沿岸地方や航行可能な河川流域では一般に憲法支持派が多く、内陸地方では反対が強かった。都市の手工業職人の場合には、新憲法の下での保護関税によるイギリス製品の締め出しを期待して憲法支持にまわった。たとえば、ニューヨーク市では一七八八年七月二十三日、全市を挙げて憲法批准を祝う祝祭が催され、手工業職人たちは自分たちの職種の紋章を染め抜いた旗を掲《かか》げて行列を繰り広げた。フィラデルフィアの民衆指導者トマス・ペインも当然憲法支持にまわった。

憲法批准の過程で約束された「権利の章典」は、一七九一年十一月に発効した合衆国憲法修正第一条から第十条として実現した。宗教、言論、出版および集会の自由を規定した

第一条、人民の一人ひとりが武器を持つ権利を規定した第二条、奴隷制度擁護の論拠としても威力を発揮することになる私有財産保護を規定した第五条、広範な州政府の権限の維持を規定した第十条など、その後今日に至るまで、この十箇条は係争のたびごとに裁判の過程や政治論争の中で自己主張の論拠として使われることになる。反フェデラリストの抵抗は決して無駄ではなかった。

3――合衆国憲法体制

名望家政治

国論を二分して争われた憲法論争は、何を生みだしたのだろうか。修正十箇条も含めて成立した合衆国憲法体制について、これを長期の歴史的文脈の中で概観しておく必要があろう。

憲法制定会議に参加した人々、すなわち後に建国の父祖たちと呼ばれるようになる人々が、「民主主義の行きすぎ」を憂慮していたことはすでに述べた。この心配は決して彼らだけのものではなかった。独立革命中に制度的にも実質的にも、民衆の政治参加が進んだ。しかし、教養のない無産者に報酬を与えて統治や立法を任せるなんてことは論外であった。憲法制定当時、インディアン、黒人、女性は問わないにしても、まだ白人男子普通選挙制度を採択していた邦は存在しなかった。まして被選挙権に至っては、高額の財産資格制限を課していた邦がいくつもあった。

「合衆国憲法の哲学者」ジェームズ・マディソンの政治哲学を、アメリカ型民主政治の、すなわち、国民の利害の多元性の積極的容認の上に、その諸利害の民主的競合の中に自由の保障を求める、現代アメリカ民主主義の原型とみなす見解がある。しかし米国建国史家ウッドによれば、憲法制定当時のマディソンは、政治というものは教養ある名望家の指導に委《ゆだ》ねるべきだと考えていた。彼らだけが恒産をもち、したがって、諸々の利害から超越しうるがゆえに、私利を離れた有徳の政治の担い手たりうるというのがマディソンたちの考えであった。他

図10　ジェームズ・マディソン

方、十九世紀以降の二大政党制度に基礎を置くアメリカ型民主政治は、私的利害を追求する職業政治家集団の政治であった。

そこでは政治権力を求めて一般民衆を動員した徹底的な利害闘争が展開され、その利害の闘争と妥協の中で多元的な利害が調整される。マディソンにとって、このような政党政治はとうてい容認できなかった。だからこそマディソンは『フェデラリスト』第十編を書き、憲法制定の必要を説いたのである。

ウッドによれば、また、邦主権維持のために反フェデラリストとなったヴァージニアのジョージ・メイソンやニューヨークのエルブリジ・ゲーリーのような有力指導者も、この点では同様の見解の持ち主であった。反フェデラリスト派の運動を支えた地方政治家の中には、植民地時代以来の伝統的名望家とは異なった、十九世紀以降の政党政治の担い手となるような型の政治家が広範に存在していた。しかし、この型の政治家が全国政治の指導的役割の担い手となるために州政治で足場を固め始めたのは、一八一二年の第二次米英戦争の後のことであった。

イロクォイ帝国の滅亡と北西部領地条例

独立革命と合衆国憲法体制の成立をめぐる政治闘争は白人同士の争いであったが、それがインディアンや黒人にとって何を意味したかにも言及しておこう。

北部では、イロクォイ部族連合が十六世紀後半以来帝国を維持していたが、アメリカ独立戦争に際して本国と植民地の双方からの圧力に抗しえず、結束を乱して分裂し、両者の側に立って分かれて戦い、アメリカの独立とともに、本拠地ニューヨーク北部の広大な領土を奪われて滅亡した。

インディアンにとっての最大の脅威は、大波のごとく押し寄せて来る植民地の白人定住者たちであった。これはイロクォイの場合にも言えることだが、西部や南部のインディアン諸部族も、その多くがイギリスの力を後ろ盾に何とか植民地白人の進出をくい止めようとしていた。したがってイギリスが彼らを見捨てて撤退した後は、白人の土地明け渡し要求に屈服するか、部族の全滅を賭《と》して抵抗するかしかなかった。なおしばらくはカナダに残留したイギリスとフロリダに復帰したスペインの存在がアメリカ白人の行動を若干制約したが、以後約一世紀間にわたって、本格的なインディアン放逐《ほうちく》の歴史が展開されること

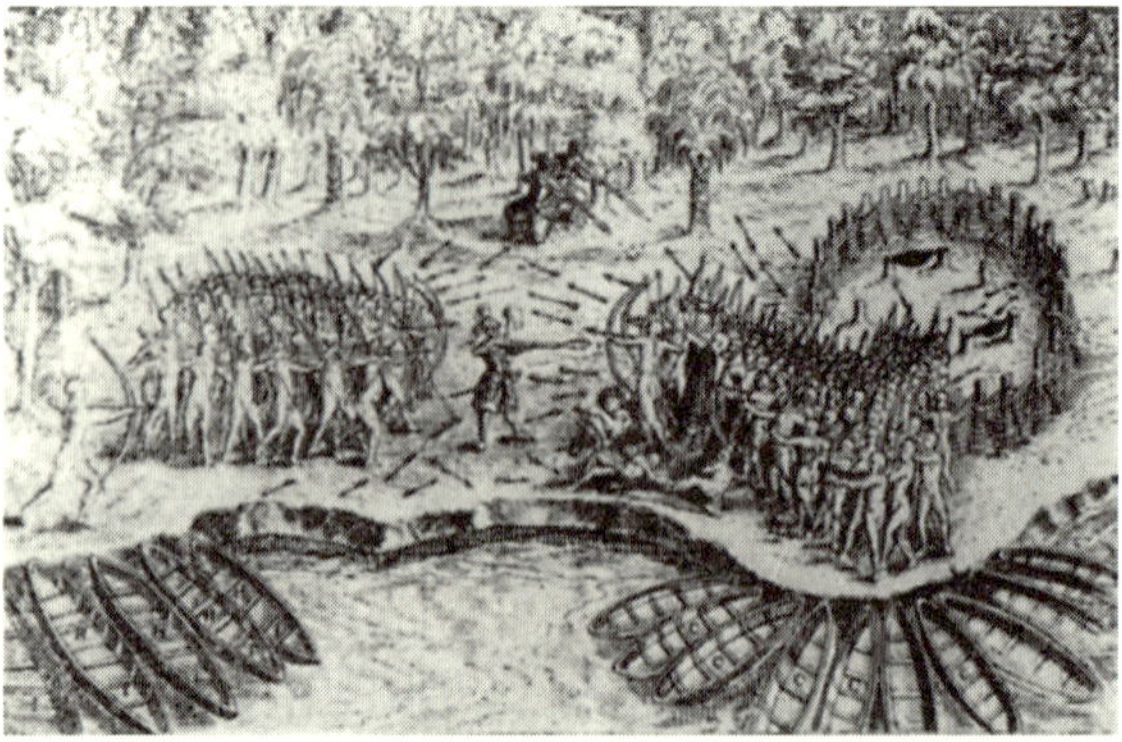
図11　白人と出会った当時のイロクォイ族

になる。
　なお、インディアンを追い立てた後の領土をどうするかについては、土地投機会社の利害も絡《から》んで、各邦が領有権を主張しあった。しかし、一七八五年に「公有地条例」が、憲法制定会議開催中の一七八七年に「北西部領地条例」が、それぞれ連合会議で制定され、国民的統合を促進すべき西方領土政策の基本ができ上がった。その要点は、（1）新たに獲得した領地は既存の邦の領地とはせず合衆国政府の所有地とし、これを売却してその財源とすること、（2）それらの地域は移住者の増加を待って既存の邦と同等の資格で順次編入していくこと、（3）オハイオ川の北、いわゆる当時の「北西部」では奴隷制は禁止すること、などであった。

合衆国憲法の中の奴隷制

上記の第三の点は、黒人奴隷制問題をめぐる一定の政治的合意が、合衆国憲法制定以前すでに、連合会議の場で形成されていたことを示している。北西部条例におけるオハイオ川以北での奴隷制の禁止は、その後の歴史が示すごとく、オハイオ川以南の地域における奴隷制容認の暗黙の了解と結びついていた。少なくとも南部側はそのように理解した。

黒人奴隷制度は法的にはすべての植民地で許されていたが、奴隷人口の少なかったペンシルヴァニア以北の植民地では、独立革命の結果、その廃止の方向が明確になった。ジェファソン、マディソン、ワシントンなど、ヴァージニアの指導者の中にも奴隷制度の害悪を語る人々がいた。しかし、生前みずからの奴隷をすべて解放してしまった指導者はほとんどいなかった。彼らの南部指導者としての存在と奴隷所有の否定とは、経済的にも政治的にも両立しなかった。奴隷制タバコ・プランテーション経営の行きづまりは論じられてはいたものの、南部社会は奴隷制度と分かち難く結びついていた。したがって南北が統一した国民国家を形成していくためには、相当周到な政治的合意を形成する必要があった。

憲法制定史家たちは伝統的に、奴隷制の存在は憲法制定の重要な障害となるような政治問題ではなかったと考え、この問題をあまり大きく取り扱ってはいない。しかし、この問題は合衆国憲法制定にとって最大の問題点となっていた。むしろ、真正面に据《す》えて本格的に論争して合意に達するには、すでにあまりにも深刻になりすぎていたとみなすべきであろう。したがって、この問題に関しては、腫物《はれもの》に触るように慎重に用語を選び、問題の周辺に生ずる利害対立を調整する形で妥協が図《はか》られている。

たとえば、合衆国憲法には奴隷という言葉や、奴隷を定義する文言は一切存在しない。しかし各州に逃亡奴隷の引き渡しを義務づける第四条第三項は周到に挿入されている。そこでは「一州においてその法律の下に服役あるいは労働に従う義務のある者」という、囚人などをも含む幅広い範疇《はんちゅう》の中に包摂《ほうせつ》しうるように工夫してある。後の時代のサーモン・P・チェイスのような奴隷解放論者たちも、この事実を否定できなかった。しかし彼は、建国の父祖たちが奴隷という概念の明示を避けたところに、彼らの奴隷制度に対する道徳的批判を読み取り、これを奴隷制拡大反対の正統性の論拠として利用することになる。

奴隷制問題にかかわる妥協の最大の傑作は、連邦下院議員および直接税の各州への割り当ての基礎となるべき人口算定方法であった。奴隷州は奴隷人口を連邦下院議員割り当て算定の基礎にはしたかったが、課税算定の基礎にはしたくなかった。自由州はその逆であった。この問題の根底には、奴隷とはそもそも法的には人なのか物なのかという、奴隷制社会一般が抱えている難題が横たわっていた。しかし彼らは一切の論理を飛躍して、「各州の人口は、自由人の総数をとり、この中には年季奉公人を含ませ、納税義務のないインディアンを除外し、これに自由人以外の凡《すべ》ての人数の五分の三を加える」ものと規定した。

いま一つ引用を付け加えておこう。憲法第一条九節一項「現在の各州の一が適当と認める人々の来住および輸入につき、連邦議会は一八〇八年以前においてこれを禁止することはできない」。これは二十年間奴隷輸入禁止を禁止する規定である。その間にフランス革命が起こり、仏領西インドのサン・ドマング（ハイチ）では奴隷叛乱が起こり、一八〇一年西半球に初めて黒人共和国が成立した。その後で一八〇八年、アメリカ合衆国は奴隷貿易を禁止した。

建国後三十六年間のうち、ヴァージニア出身の大統領が三十二年も統治した。特に、一八〇一年以降二十四年間の大統領は、ヴァージニア王朝と呼ばれている。建国初期の国家元首の地位は、米国の奴隷所有者階級を代表する紳士たちのためにこそ用意されたのである。

第三章　世界革命の中の国家建設

ニューヨーク（1788）

メリーランド（1788）

ヴァージニア（1788）

1――ハミルトン体制下の南北対立

公債問題と合衆国銀行

合衆国憲法制定後、初代大統領にジョージ・ワシントンが選出されることは、自明のこととして予測されていた。一七八九年四月、ワシントンが大統領に、ジョン・アダムズが副大統領に選ばれ、国務長官にはトマス・ジェファソンが任命された。この政権は有徳の人ワシントンの人格的指導のもとに、賢人たちの集団的合意によって運営されることが期待されていた。しかし、政権発足後間もなく、この期待は裏切られた。

憲法制定後、最初のそして最大の問題は、利子滞納を含めた約千二百万ドルの外債と、約四千二百万ドルに及ぶ連合政府の国内債と、いくつかの邦政府が残していた二千百万ドルの邦債の償還をどうするかであった。弱冠三十五歳で初代財務長官に就任したアレクサンダー・ハミルトンが、卓越した指導力を発揮して問題の解決にあたったが、閣内不統一を生みだし、最終的には党派抗争にまで発展することになった。

ハミルトンは、スコットランド商人の庶子として西インドに生まれ、今日のコロンビア大学の前身キングズ・カレッジに入った後、独立運動に投じ、ワシントンの秘書として活躍した。戦後、憲法制定反対派の強かったニューヨークで最も透徹した保守派の論客として憲法制定に貢献し、その才覚を買われて財務長官に抜擢《ばってき》された。長官就任後、一七九〇年から翌年にかけて、「公信用」「国立銀行」「製造業」などに関する報告書を議会に提出し、彼の財政再建案の全容を示しながら政策を展開した。

彼はまず、連合政府の外債も国内債も邦債もすべて額面価格で回収し、新政府の連邦債として借り換えようとする法案を成立させた。さらにこの借り換えを円滑に進めるため、一七九一年に合衆国銀行を設立させた。この銀行は、資本金一千万ドルで、存続の特許期間は二十年とされ、その資本金のうち政府出資は二百万ドルで、残りの八百万ドルを民間投資家が、四分の一を正貨で、四分の三を新公債で拠出することになった。さらにこの銀行は政府歳入の預託銀行とされ、資本金の額だけ銀行券の発券が認められ、これを納税に用いることが認められて、その流通が保障された。

この銀行はその存続期間中、正貨不足の合衆国に安定した紙幣を供給すると同時に、州

図12　アレクサンダー・ハミルトン

図13　第一合衆国銀行

法銀行の銀行券の受け取りに裁量権を行使することによって、全国の不換紙幣の駆逐《くちく》にも貢献した。（なお、州法銀行とは州政府の法律によって設立を認可された民間銀行のことで、一八〇一年にはすでに三十四行が設立されており、その数はその後の経済発展とともに急増した。いかにこれらの銀行に健全経営を求め、その銀行券兌換《だかん》の約束を守らせるかが、南北戦争期までの経済政策の最大の課題の一つであった）。また、このような公信用確立政策には当然新たな財源が必要とされたので、ハミルトンはこれまでの連邦政府公有地の払い下げによる歳入の他に、国内消費税と歳入目的も兼ねた保護関税政策を提言した。

中央銀行は北、首都は南

しかし、彼の公信用確立政策は、独立宣言草案の著者トマス・ジェファソン、合衆国憲法設立のイデオローグ、ジェームズ・マディソンをはじめ、南部の政治家たちの強い反対に直面した。外債の償還には問題はなかった。国内債の市場価格は、連合政府が独自の収税機構をもたず、各邦政府が拠金に非協力的だったので、一七八九年には額面一ドル当たり二十五セントにまで下落していた。それが新たに設立された強力な権限をもつ連邦政府によって額面通りに借り換えられることになる。ハミルトンの政策が議会に提出されるまえに、いち早く情報を察知した中部大西洋岸の投機的な資本家たちが、現ナマを積んだ船や馬車を走らせ、西部に住む復員軍人から、給料として受け取っていた公債を安く買い占めてしまった。これが人々の怒りを掻《か》き立て、南部の政治家はこの怒りを代弁した。しかし、後の祭であった。

邦債借り換えは特に南部の利害に反した。南部諸州は、ほとんど邦債を価値の下落した紙幣で償還してしまっていたので、ニューヨークやニューイングランド諸州が自分たちの借金の正貨による返済のため、連邦政府の力を借りて、他の諸州にまで負担させるのを許すことはできなかった。もちろん、独立という共通の大義のために、主たる戦場となって甚大《じんだい》な戦禍を被《こうむ》り、多大の戦費を費やした北部の主張にはそれなりの理由があった。

しかし、最も基本的な対立点は、公債に対する考え方の違いにあった。南部の政治家たちは、大土地所有奴隷制農園主の利害を代弁し、公債というものは国民の税金で金融業者を儲《もう》けさせるだけだから、早急に償還されるべきであるとし、そのような公債でイングランド銀行をまねたようなものを作るなどとは論外であると考えていた。他方、商人資本家の利害を重視するハミルトンは、確実な利子支払いの財源さえ確保しておけばよく、公債償還にはこだわらなかった。むしろ、国の内外の金融業者に安全な投資機会を提供することによって、彼らを味方に引き入れ、彼らの信用を確保しておくことの方が国家の安全にとって大事であると考えていた。両者の対立を十八世紀前半イギリスの、ウォルポール体制下の宮廷派と地方派との対立になぞらえる見方が出てくるわけである。

この対立は、ジェファソンとハミルトンの妥協によって、ひとまずはハミルトン財政の貫徹ということで決着がついた。その妥協とは、北部の邦債を含むすべての公債を額面通り借り替えることは認めるが、その代わり、首都をニューヨークから十年間フィラデルフィアに移した後、一八〇〇年以降、南部のポトマック河畔ワシントンを合衆国の恒久的首都とするというものであった。ワシントン大統領が基本的に担当大臣一任方針を貫く以上、閣内では南部派は一歩退くしかなかったのである。しかし、議会下院では、合衆国銀行設立法案は三十九対二十で通過したが、賛成票のうち三十六票までが商業的北部の代表であり、反対票のうち十九票までが南部票であった。

富国強兵国威発揚

ハミルトンはまた、保護関税とともに製造工業育成のため補助金政策も提起したが、彼の工業育成政策は、南部農園主だけでなく、北部の大商人からも支持されなかった。フランス革命の衝撃の後、一七九三年以後英仏が長期の戦争状態に入ったため、合衆国商船は中立国の旗を掲《かか》げて、交戦国および両国の植民地と有利に交易することができるようになった。米国商人たちはニューヨーク港に輸入し、そこから再輸出するという形式をとって、交戦国の戦時貿易統制を法的に回避し、西インドとヨーロッパとの間の中継貿易で繁栄した。一七九〇年の輸出額は約二千万ドルだったのが一八〇〇年には七千万ドルに達した。この増加の大半は中継貿易による再輸出であった。ほとんどの商人資本家たちは国際貿易に専念し、ハミルトンの期待に反して工業投資への関心は示さなかった。

したがって、ハミルトン財政の下では財源確保のための歳入関税は課されたが、実効ある保護関税制度は実現しなかった。その結果、保護関税を求めて合衆国憲法制定を支持した都市の職人層には、ハミルトンおよびその支持者たちのあからさまなエリート主義もあって、政府に対する支持理由がなくなった。

また、公債利子支払いのための国内消費税に民衆が快く思う理由など全くなかった。特に酒税は評判が悪かった。悪評は今日にまで残った。ヴェトナム反戦歌手としても有名だったジョーン・バエズは、密造酒を称《たた》える歌『銅の薬罐《やかん》』で歌っている。「一七九二年以来酒税を払ったことがない」と。交通の難所アレゲニーを越えた西部ペンシルヴァニアの農民にとって、ウィスキー生産は唯一《ゆいいつ》の現金収入源であった。彼らの酒税反対一揆に対し、一七九四年四月、政府は大げさに一万五千の民兵を召集して、これを威圧した。

これは示威行動であった。しかし、真の相手は西部人でもインディアンでもなく、イギリスであった。イギリスはミシシッピ川以東の領有権をパリ講和でアメリカに譲ったにもかかわらず、オハイオ川以北の地域のインディアンを後援し、彼らとの毛皮貿易を確保するとともに、ここにインディアンの緩衝《かんしょう》国家を作らせようとしていた。一七九四年十一月、ジェイ条約が調印され、辺境の砦《とりで》に居すわっていたイギリス軍の撤退がやっと実現し、翌年にはスペインにもミシシッピ川航行権を認めさせた。富国強兵国威発揚が政府の方針であった。

商人資本家政権

しかし、ジェイ条約の締結には、ワシントン以下政府部内にすら不満が強かった。ヴァージニア人の英国商人に対する戦前の巨額の債務の取り立てについての交渉は進んだが、戦争中イギリス軍が戦時命令として奴隷解放を行って奪い去った奴隷財産の補償は行われなかった。また一七九三年以後イギリス海軍はしばしば公海上でアメリカ船を臨検し、「イギリス人」乗組員を水兵として強制徴兵した。移民の流入に一切の制限を課していなかった米国からみれば、これは自国民を掠奪されることを意味した。その他、辺境のインディアン問題など、アメリカ側に多くの不満を残した。しかし、ハミルトンは対英通商の利益と英国商品輸入に課される関税収入を重視して、交渉に当たったジョン・ジェイを支持して、同条約批准にこぎつけた。

これは、すでに一七九三年閣外に去っていたジェファソンら反政府勢力の格好の攻撃材料となった。英仏開戦と同時に合衆国は中立を宣言した。しかし、国内世論は革命勃発《ぼっぱつ》以来、イギリス支持派とフランス支持派へと分裂していた。独立革命の経過、およびフランスが新たに王制を否定して共和制の仲間入りしたという事実からして、一般民衆の国民感情は親仏的であった。

しかし、独立以来アメリカの対外貿易はすでにヨーロッパやアフリカだけでなく、遠く中国にまで伸びていた。北部、特にニューイングランドの商人資本家にとっては、最大の貿易相手国であり、当時最強の海軍国でもあるイギリスとことを構えることは、いかにも愚策であった。さらに、フランス革命に触発されて、北部沿岸諸都市の民衆が「民主共和協会」などを組織して、公然と「デモクラシー」を要求しだし、さらにもっと直接的な利害にかかわることとして、株式会社特許などの問題で東部の商人資本家と同等の特権を求める内陸地方の新興勢力が台頭してきた。このような事態は、北部の名望家政治に固執する人々にとっては、恐るべき脅威となった。また、フランス革命の理神論の立場は、アメリカ独立革命で指導的な役割を演じたニューイングランドの牧師たちをも反仏の立場に追いやった。ワシントン＝ハミルトン政権はこのような人々にも支えられていたのである。

フェデラリストとリパブリカン

これに対し、南部の大プランターたちは、戦前からの借金以外には、イギリスとの間に北部商人資本家ほど直接的結びつきは強くなかった。タウンシップの共同体的生活を基礎にした政教一致の伝統の強いニューイングランドと違って、南部では散村が広がり個人主義的生活意識が強かった。世俗的な大プランターたちには理神論を恐れる理由などなかった。ジェファソン自身も理神論者であった。南部プランターにとっての問題は、南部が人口数において北部に劣り、しかも北部の商人資本家に主導権を奪われ、全国政治の中で孤立感を強めていた点であった。

他方、南部プランターたちは北部諸都市の労働民衆のデモクラシーの要求に直面する必要はなかったし、内陸地方の一般農民に対しても政治的にははるかに優位な立場に立っていた。彼らには白人民衆を恐れる必要はなかった。むしろ、北部ですでに事実上廃止された黒人奴隷制度を南部で堅持していくためには、黒人に対する偏見を共有している白人民衆は、大切な同盟勢力であった。

かくして、多くの南部プランターが、ジャコバン独裁にもひるむことなく、フランス革命を擁護する「人民の味方」として、親英政策をとる政府に対して公然たる反対の立場を鮮明にし、自らを共和派（リパブリカン）と称した。これに対し連邦政府の立場を支持する人々は連邦派（フェデラリスト）と称した。この両者の対立をもって米国における二大政党制度の出現とみなす見解があったが、近年の研究者たちはこれには批判的である。

すなわち、政府支持派も反対派もともに、その指導部を構成していた名望家たちは、党派活動を政治の常態とは考えていなかった。自己の利益のためにみずから立候補し、党派を組んで、選挙民にへつらい票を乞うなんてことは、恥ずべき行為であった。選挙とは、利己的な党派人としてではなく、その個人としての社会的地位と見識と人徳を買われて、地方の指導的人々に乞われ、公共に奉仕するために立候補すべきものであった。このような有徳の人々に指導される場合にのみ、自由な共和国は腐敗を免れ、衆愚政治に堕《だ》することなく維持されうると考えていた。たとえ、このような理想の維持が当時の現実の中でいかに困難に思えようとも、少なくともこれが政治の建前であった。

彼らは自分たちの党派活動を、フランス革命という世界革命的状況下での建国という、緊迫した特殊事情に対応した愛国的行為と理解して、合理化していた。その結果、自分と敵対する党派活動は、外国と共謀して共和国を破滅に陥れ、国を裏切る行為とみなした。フェデラリストたちは、自分たちの政府を支持しているだけであって、自分たちが党派活動をしているという自覚すら十分でなかった。したがって、ナポレオン戦争終結によって、合衆国存続の危機が感じられなくなると、この党派対立も消滅してしまうのである。

政治の達人ジェファソン

上記のような歴史的文脈の中で、その後、内政と外交は連動して展開した。一七九六年選挙では、選挙人票七十一対六十九の僅差で連邦派のジョン・アダムズが大統領になり、次点の共和派のジェファソンが副大統領となった。大統領を争った二派が正副大統領を分かちあうという事態は、今日の常識からすれば奇妙なことであるが、これは当時の政党政治を前提にしていなかった選挙制度の下で、現実に党派抗争が起こった結果であった。

ジェイ条約の成立による米英の経済関係の緊密化は、大西洋における米仏関係の緊張の激化となってはね返った。一七九七年三月、アダムズ大統領就任の時までに、フランスは約三百隻の米国船を拿捕《だほ》し、船員を虐待していた。ハミルトンの指導下にあった議会は一七九八年、外国人・治安法を制定し、政府はこの法律によって、親イギリス政策に反対するアイルランド人やフランス人を国外追放し、政府に反対する政治家を投獄し、反政府的な新聞の言論を弾圧した。

　これに対し、ヴァージニアとケンタッキーの州議会は、それぞれ共和派のジェファソンとマディソンによって起草された決議案を採択し、州議会には連邦法の合憲性を判定する権利があると主張して、政府の弾圧を批判した。またこの法律は、帰化に必要な年限を延長することによって、移民票に頼る共和派の勢力拡大を抑制しようとするものであった。しかし、このような立法は逆に、非イギリス系の移民の多い中部大西洋岸諸州における連邦派の支持基盤を狭《せば》めた。

図14　トマス・ジェファソン

　連邦派の中には、対仏宣戦と武力による反対派鎮圧を唱える人々もいた。陸海軍の増強が試みられた。すでに一七九一年、インディアンと戦うために常備軍の制度が設立されていたが、議会多数派はこの弾圧立法と同時に、一万二千人の新たな正規軍を即時召集し、数万の予備役の計画も立てた。しかし、大統領アダムズは何とか対仏戦争を避けようとして、フランスとの外交交渉継続の道を選んだ。

他方、ジェファソンやマディソンも武力抵抗に追い込まれることを恐れ、次の選挙での政権獲得に賭けた。連邦派内のニューイングランドのアダムズ支持者と、中部大西洋岸のハミルトン支持者との間には亀裂が生じ、連邦派議会による厖大《ぼうだい》な軍備拡張計画による増税は評判が悪かった。ジェファソンは共和派の勝利を予言して、自派の強硬論を抑えた。予言通り一八〇〇年選挙に勝ったジェファソンは、大統領就任演説で国民の和解を説いて、「我々は違った名前で呼ばれている同じ原則をもった兄弟である。我々はすべて共和派であり、我々はすべて連邦派である」と宣言した。

米国政治思想史家リチャード・ホフスタッターはこの名演説を「経世家らしい虚偽的曖昧《あいまい》さをもつ名人芸」と評した。しかし、その虚偽的曖昧さは、敵を欺《あざむ》くというよりは、むしろ、公共奉仕の名のもとに利己的な党派政治を自己欺瞞的に実践している者同士の共感に訴えて、現実政治において崩壊しつつある伝統的政治理念の復権を求めたことに由来する。いわば、この自己欺瞞の誠実さのゆえに、彼の政治は威力を発揮した。

彼の政権獲得は、米国における最初の選挙による政権交替であるといわれている。しかし、この政権交替によっては、野党の存在の正統性を承認する政治風土は生まれなかった。権力の座を奪われた連邦派には、二度と政権につく機会はなく、多くの人々は絶望して政界から去った。ハミルトンは同じニューヨーク州出身の政敵アーロン・バーとの決闘で命を落とし、ジェファソンの宿敵アダムズの息子、ジョン・クインジー・アダムズは共和派に加わり、親同士も革命の同志としての親交を回復することになる。

ジョン・マーシャルと違憲立法審査権の確立

連邦派にとって、最後の活躍の場となる連邦政府の公職は裁判所判事であった。連邦派政府によって任命された判事たちは北部の各地で共和派を弾圧して恨みを買っていた。当時、家族を家に残し、巡回裁判のため、馬車も通らぬ交通不便な地方まで、毎年全国を馬で旅をしなければならぬ連邦最高裁判事の職は、それほど魅力的な仕事ではなかった。革命直後の通例に漏《も》れず、その権威も十分に確立していなかった。

アダムズは政権を去る直前に、司法制度の改革を試み連邦地方裁判官の定員を増し、これに連邦派の判事を任命し、同時に最高裁判所主席裁判官には国務長官のジョン・マーシャルをあてた。共和派ジェファソン政権の下でのマーシャルの立場は、慎重を要した。彼は一八〇三年、「マーベリ対マディソン」事件で連邦派のマーベリの要求を退け、ジェファソン政権の立場を護りながら、一七八九年に連邦議会が制定した裁判所に関する立法に違憲判決を下した。

この判決は連邦最高裁判所の連邦議会立法に対する違憲立法審査権確立の先例となった。違憲立法審査権に関しては、連邦派のハミルトンが早くから主張していたことであり、共和派のジェファソンやマディソンはこれに強く反対した。その意味でこれはまさしく連邦派判決であった。そしてこの違憲立法審査権は、連邦派が期待したごとく、以後一九三〇年代のニューディール時代まで、一貫して保守派の伝家の宝刀の役割を果たした。かくして最高裁判所は、議会および大統領と並び立つ三権のうちの一つとしての権威を確立した。

しかし違憲立法審査権は、共和派政権の存続中には、連邦議会の立法に対して行使されず、その後最初に行使されたのは、一八五七年のドレッド・スコット判決（第六章第二節後出）においてであった。皮肉なことに、この裁判では、共和派のジェファソンが生前、奴隷所有者の利害を護るために強硬に反対した一八二〇年のミズーリ妥協に対して、違憲判定が下されたのである。少数派の既得権を「多数派の専制」から護るための武器であった違憲立法審査権は、連邦政治の舞台では、長期的には南部プランター階級にとってこそ必要だった。恐らく南部生まれのヴァージニアの政治家ジョン・マーシャルは、このことを理解していたのだろう。しかし、マーシャルの違憲立法審査権の行使は、その三十年を超える在任中、多くの州議会立法に対して向けられた。そしてこれが、連邦派マーシャルと南部共和派の伝統を護る政治家たちとの鋭い対立点となるのである。

共和派は政治の力で連邦派裁判所の打倒を試みた。一八〇四年連邦派のチェイス最高裁判事を弾劾《だんがい》裁判によって追放し、最高裁を共和派化しようとしたが、上院で弾劾に必要な三分の二の票を獲得できずに、見事に失敗した。その後ジェファソンが任命した判事たちまで、マーシャルの卓越した指導の下に連邦派化してしまった。

2―ナポレオン戦争の中での共和派政権

ジェファソンの「自由の帝国」

ジェファソン政権は、花の都フィラデルフィアから人里離れた田舎のワシントンへの遷《せん》都《と》の直後に発足し、まず連邦派政権が創り出した金のかかる荘厳な政府儀式を廃止して、新政権の簡素を尊ぶ態度を鮮明にした。さらに、外国人・治安法を廃止し、親英反仏政策から中立厳守へと外交政策を軌道修正し、陸海軍を大幅に縮小し、国内消費税を廃止し、徴税役人はもちろんのこと、アダムズが定員増にした連邦地方裁判所判事ほか、連邦公務員を徹底的に削減して、連邦政府の公務員はほとんど郵便局員を残すのみにしてしまった。さすがに合衆国銀行はただちに廃止されなかったが、共和派政権が引き継いだ八千万ドルの連邦公債の半額を償還した後、一八一一年、マディソン政権によって、特許期限満了とともに廃行にされてしまった。

共和派のジェファソンは、ハミルトンの商工業政策に対抗するため、プランターだけでなく合衆国の農業利害一般を代表する立場をとり、自由な共和国の担い手として独立自営農民を理想化した。今後、増大する白人人口のための自営農地を確保するために、そしてまた彼を支持するプランターたちの土地獲得要求に応えるために、ジェファソン主義は、西方領土の拡大とインディアンからの土地収奪を至上命令とすることになった。

ジェファソンを含む多くのアメリカ人は、いずれ衰退したスペインから西方の領土を削り取っていくことができると考えていた。ところが一八〇〇年、ナポレオンの支配する強国フランスが、ミシシッピ川の西のカナダからニューオーリンズに及ぶ広大な地域をスペインから手に入れた。事態の急転を認識したジェファソンは、就任直後、西部の要塞《ようさい》を強化して非常事態に備えながら、ミシシッピ航行権を確保するために、これまでの姿勢を変え、フランスに対して米英同盟の可能性を示唆《しさ》した。

ナポレオンはイギリスとヨーロッパで対決している時に、この広大な地方に植民地を再建し維持することはとても不可能とみて、河口の港ニューオーリンズだけでなく、このルイジアナ地方全体を合衆国に売却することを提案した。この領土はほぼ当時の合衆国の領土に匹敵した。

これはジェファソンの「自由の帝国」構想の実現にとって、千載一遇《せんざいいちぐう》の機会であった。政治家ジェファソンにとって、世論の圧倒的支持が期待できるこの機会を逃がす理由はなかった。結局、一八〇三年、合衆国はこの広大な地域をわずか千五百万ドルで購入した。彼はこの時、合衆国民は今後百世代もの間、新しい土地に不自由しなくなると思った。実際には百年後には自由地はなくなってしまったのだが。

苦難の中立外交

共和派政権にとって、最大の難題は国際関係であった。共和派は戦時においても、中立国の公海における航行の自由を、新生共和国の国家原理として貫徹しようとした。一八〇三年英仏の再度の開戦後、イギリスは、当時中立国の中で最大の海運国であった合衆国の中継貿易の権利を否定する政策を打ち出した。敵国商品を積んだ米国商船を拿捕《だほ》する事件が相次ぎ、船員の水兵としての強制連行も急増し、一七九四年のジェイ条約以来の米英友好の時代は終わった。

他方、ナポレオンも一八〇六年ベルリン勅令、一八〇七年ミラノ勅令を出して、米国のイギリスとの貿易を禁じて、米国船を拿捕し始めた。ジェファソン政府は一八〇七年出航禁止法を制定して、一切の米国船の外国向け出航を禁止し、経済断交によって交戦国に圧力を加えようとした。しかし、これはニューヨークやニューイングランド海港都市の経済に深刻な不況をもたらし、この地域の共和派までが反対にまわり、この措置は撤回された。かわって英仏とだけ経済断交する一八〇九年通商禁止法が制定されたが、問題は米国だけの力では解決しなかった。

他方、北西部では白人の進出に対するインディアンの不満が高まり、ショーニー族のティカムシを指導者に部族連合が形成され、ティカムシはさらに遠く南部のチェロキー、チョクトー、クリークとの連合をも試みた。大西洋で米国との緊張状態が続いていたイギリスは、ティカムシを支援する態勢を示した。この地方では、後に大統領になるウィリアム・ヘンリー・ハリソンが、一八〇〇年から一八一二年にかけてインディアナ准州知事を務めて、武力を背景にインディアンからの土地買収に辣腕《らつわん》を振るっていた。一八一一年秋、ハリソンはティカムシの留守を襲って先制攻撃を仕掛けた。これがティピカヌーの戦いである。

一八一二年の戦争

議会では米英の緊張の高まりとともに、ケンタッキー州のヘンリー・クレイ、サウスカロライナ州のジョン・C・カルフーンらの「戦《いくさ》の鷹」と呼ばれる一群の共和派の新人が、南部や西部の農業地域から登場して来た。彼らは海上貿易には直接利害をもたない政治家だったが、インディアンの背後にあるイギリス領カナダとイギリスの同盟国スペインの領土フロリダの獲得を求めて、強硬論を主張した。かくして共和派政権の中立外交は挫折し、「一八一二年の戦争」すなわち第二次米英戦争が開始された。

この戦争はニューイングランドやニューヨークでは評判が悪く、特にニューイングランドは非協力的であった。戦争開始直後の大統領選挙で早くも、ニューヨーク州の共和派のデュウィット・クリントンが連邦派の支持を受け、現職のマディソンに挑戦して、ほとんどの北部票を集めて善戦した。主戦場となったセントローレンス川から五大湖にかけての戦線では、一進一退が続いた。英海軍は東部沿岸諸港を封鎖し、一八一四年夏、一時ワシントンのホワイトハウスが占領されるという事態も起こった。共和派政権の危機であった。

しかし、この戦争は基本的には一八〇四年から一八一四年にかけてのナポレオン戦争の一局面であった。一八一四年四月のナポレオン退位後は、講和の条件設定のための戦争であった。そしてその戦争も、一八一四年のクリスマス・イヴの日に締結されたベルギーのガンでの講和によって正式に終了した。しかし、講和の知らせがニューヨークに着いたのは、翌年二月十一日のことであった。その前に一八一五年一月八日ニューオーリンズで、アンドルー・ジャクソン将軍が海上から上陸して来たイギリス軍に大勝した。これで共和派政府はやっと面目を保って、講和の知らせを受け取ることができたのである。

連邦派最後の夢――ハートフォード会議

一八一四年十二月十五日から翌年一月五日にかけて、ニューイングランドの連邦派の政治家たちはコネティカット州ハートフォードに集まって、講和が成立しているのも知らずに、政府の戦争政策に反対する決議案を採択した。

そこでは一連の憲法修正提案まで行われた。その中には、宣戦、出航禁止、新たな州の加盟等の重要事項は議会の三分の二の賛成を必要条件とするように改めるだけでなく、南部奴隷州、特にヴァージュアの連邦政治支配を抑止するため、選挙の際の基礎となる人口数に奴隷人口数の三分の二を加える制度を廃止し、算定基準をもっぱら自由人のみにすること、さらに大統領の再任および同一州より連続選出を禁ずることを提案した。

ここに、十九世紀政治史の新たな基調となる、南部と北部、特に南部とニューイングランドとの地域的対立が、奴隷制問題にかかわる憲法問題として顕在化したことになる。

連邦派は久しぶりに、北部自由州を中心にした政界再編成による政権復帰の好機の到来と考えた。しかし、その直後に講和とジャクソン勝利のニュースが伝わり、彼らは非国民の烙印《らくいん》を押された上に、人々の嘲笑を買って、最後の夢を失った。

しかしジェファソンは、ニューイングランド人の政治的結集力に、改めて畏敬の念を深めたのである。

第四章　大陸国家の建設と工業化

サウスカロライナ（1788）

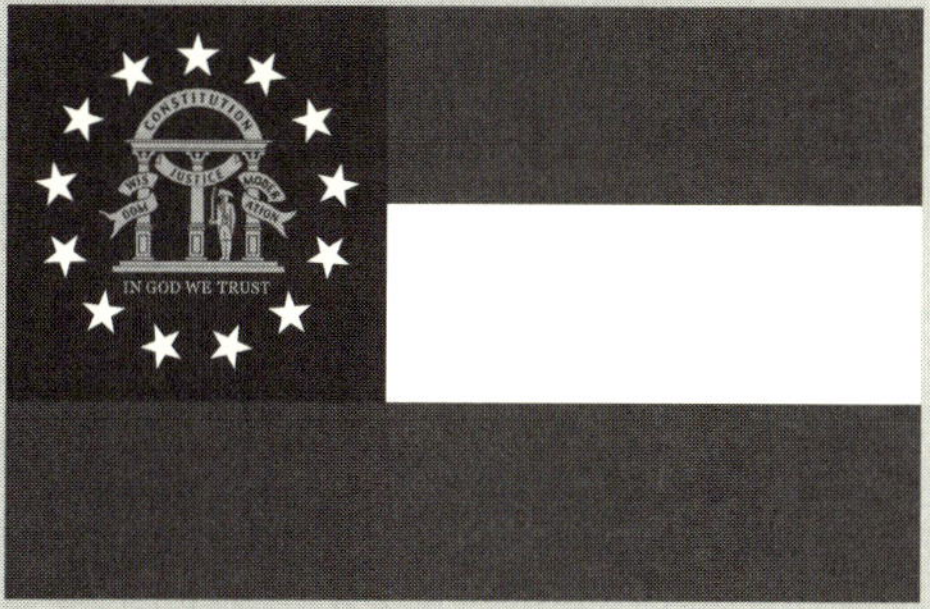

ジョージア（1788）

1―領土拡大

土地強奪の英雄ジャクソン大統領

十九世紀前半のアメリカ社会の特徴は、南北に奴隷制度と自由労働制度との異なった労働制度を抱えながら発展したこと、しかも、運輸革命に助けられて、商業的農業の急激な空間的拡大を伴いつつ、同時に工業化が進行した点にある。

一八〇三年のルイジアナ購入によって、国土がほぼ二倍になった点はすでに述べた。一八一四年末のガンの講和は、国境線を含めて戦前の状態への復帰を取り決めただけであった。しかし、一八一二年の戦争は、アメリカ合衆国が大西洋沿岸国家から大陸国家へと変質する転機となった。この戦争で英国はインディアンと同盟して戦い、講和の直前までオハイオ北岸におけるインディアン国家建設に固執した。しかしその後、英国が合衆国内のインディアンを支持することはなくなり、合衆国は英国に見捨てられたインディアンに対して、意のままに追い出しを図るようになる。

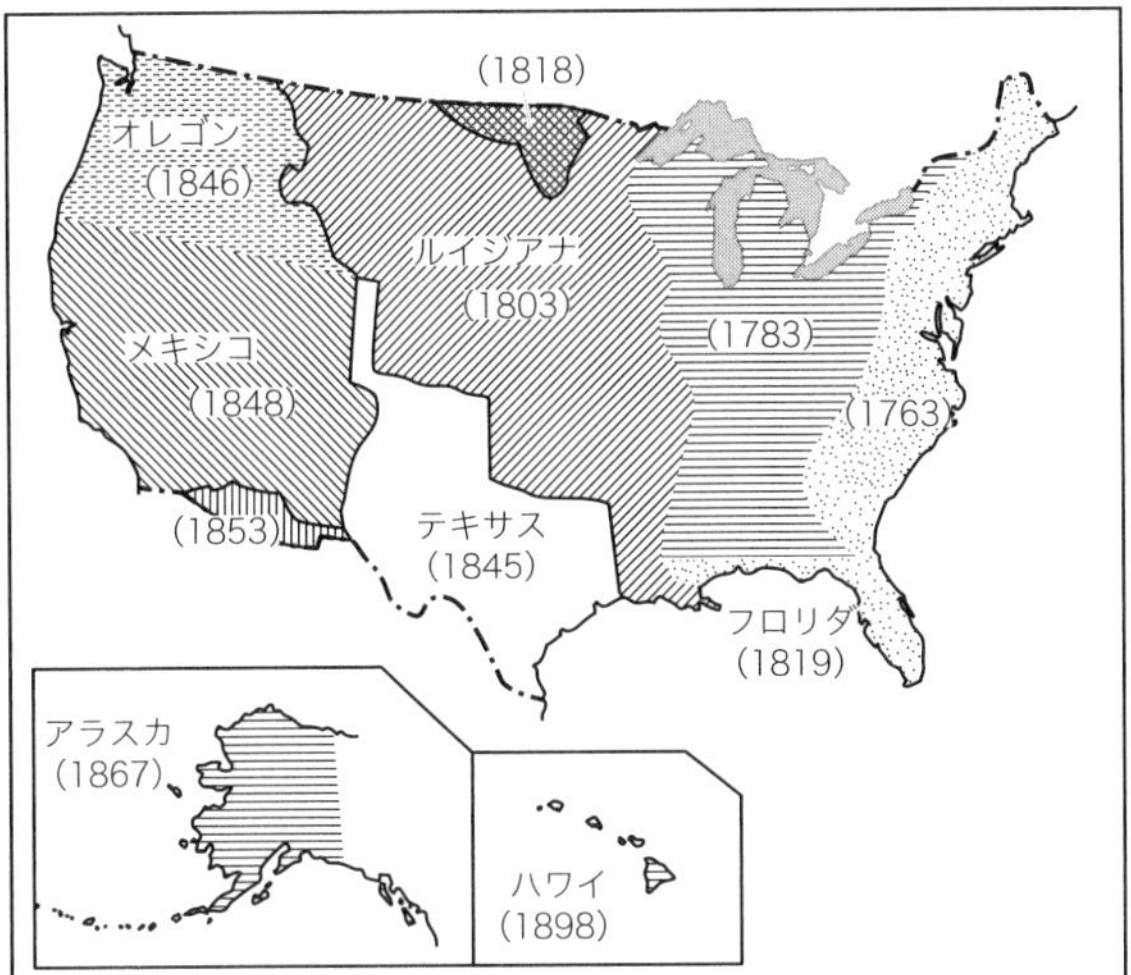

図 15　合衆国の領土拡大

この戦争中、南西部ではテネシーの地方政治家アンドルー・ジャクソンが志願兵を率いて出陣し、クリーク族を打ち破り、アラバマの南西部の土地を彼らから奪い、合衆国はスペイン領西フロリダを手に入れた。さらに、ジャクソンは戦後の一八一八年、逃亡奴隷を匿《かくま》うセミノール・インディアンを追って、独断でスペイン領フロリダにまで侵入した。そのうえそこで英国人二名を処刑して、国際問題を惹起《じゃっき》した。結局翌年、合衆国はこれを機に弱体化したスペインから五百万ドルの安値で全フロリダを購入することになった。

さらに、一八三〇年、アンドルー・ジャクソン大統領のもとで成立したインディアン強制移住法は、ミシシッピ川以東のインディアン諸部族をミシシッピ川西方の彼方へ強制移住させる権限を大統領に与えた。この法律によって、小さなインディアン保留地の住民を除き、すべてのインディアン諸部族が強制移住させられた。高度な農耕文化を創りあげ白人との混血の著しいチェロキー族も、例外ではなかった。彼らは独自に開発したチェロキー文字と英語を使った新聞を発行し、一八二七年には自分たち自身の憲法を制定し、さらにその上に周辺の白人に見習って、黒人奴隷制まで導入していた。しかし、共同体的土地所有を維持していたという点で、彼らはまさしくインディアン的伝統を守っていたのである。

もちろん、このジャクソンの政策に対して、インディアンたちはあらゆる手立てを尽くして抵抗した。中でも、フロリダのジャングルに覆《おお》われた沼沢《しょうたく》地域でのセミノール族の抵抗は激しく、そのゲリラ戦争は一八三五年から一八四三年にかけて長期にわたって執拗に展開され、万を超す大軍を送り込んだ白人側に多大の損害を与えた。同時にその弾圧も凄惨《せいさん》を極めた。「ここには悲劇はなかった。ただ獣的な破壊だけがあった。もし、あるピープル全体の死滅へと向かわせるような政策の企画と採択が、ジェノサイド（集団虐殺）であるとするならば、アメリカの白人はその告発に対して弁護の余地はない」。これはインディアン史研究者の言葉ではない。アメリカ資本主義文明における秩序形成者たちの歴史を書き続けてきたロバート・H・ウィービーの言葉である。ミシシッピ川の西のインディアンたちは、十九世紀後半再び、彼らの生存と尊厳を護るために絶滅を賭《と》して戦うことを迫られることになる。

しかし、これは米国白人農民やプランターの人種的偏見と土地に対する貪欲さだけの問題として片付けるべきではなかろう。程度の差はあれ、同じような出来事は世界各地で起こった。これは資本主義文明の発展を支えた世界観に関わる問題であった。建国当時、合衆国のインディアン政策に確固とした哲学があったかどうか、断定し難い。しかし少なくとも一八三〇年頃までに、一つの一貫性をもった思想が支配的な世論となっていた。それは、私的所有制は文明の要《かなめ》であり、個人的土地所有を否定する部族社会は、究極的には絶滅させるべきである、という堅《かた》い信念である。そしてこれに抵抗する人々は、古今未曾有《みぞう》の早さで進歩しつつある米国社会では、そのような部族社会とともに絶滅させるしかなかった。アンドルー・ジャクソンはこの信念を堅持《けんじ》してその生涯を生きたのである。

一八六〇年の国勢調査報告によれば、インディアン人口は約四万四千人に減少していた。

ミズーリ妥協

インディアンを追い出して、彼らの土地をわがものとするという点では、多くの白人の間で意見の相違はなかった。しかし、誰がその土地の分け前にあずかるかについて、彼らは激しく相争った。一八一九年から一八二〇年にかけての連邦議会で、ミズーリの州としての編入問題が論議された時、下院を支配する北部派と上院を支配する南部派の主張が激突して、ミズーリ編入問題は行き詰まってしまった。問題は、ミシシッピ川の西の州として最初に編入されるこの地域に、奴隷制の導入を認めるかどうかという一点にあった。

結局、下院議長ヘンリー・クレイの指導のもとに一連の妥協法案が成立した。要点は次の二点であった。（1）ミズーリ州には奴隷制を認める、（2）ただし、今後ミズーリ州より西の地域の編入に当たっては、同州の南限三十六度三十分以北の地域は自由州とする。しかし、これは実質的には南北の合意とはほど遠いものであった。すなわち、（1）と（2）との妥協案を単一の法案として上程すれば、南北双方の強硬派が反対にまわるので

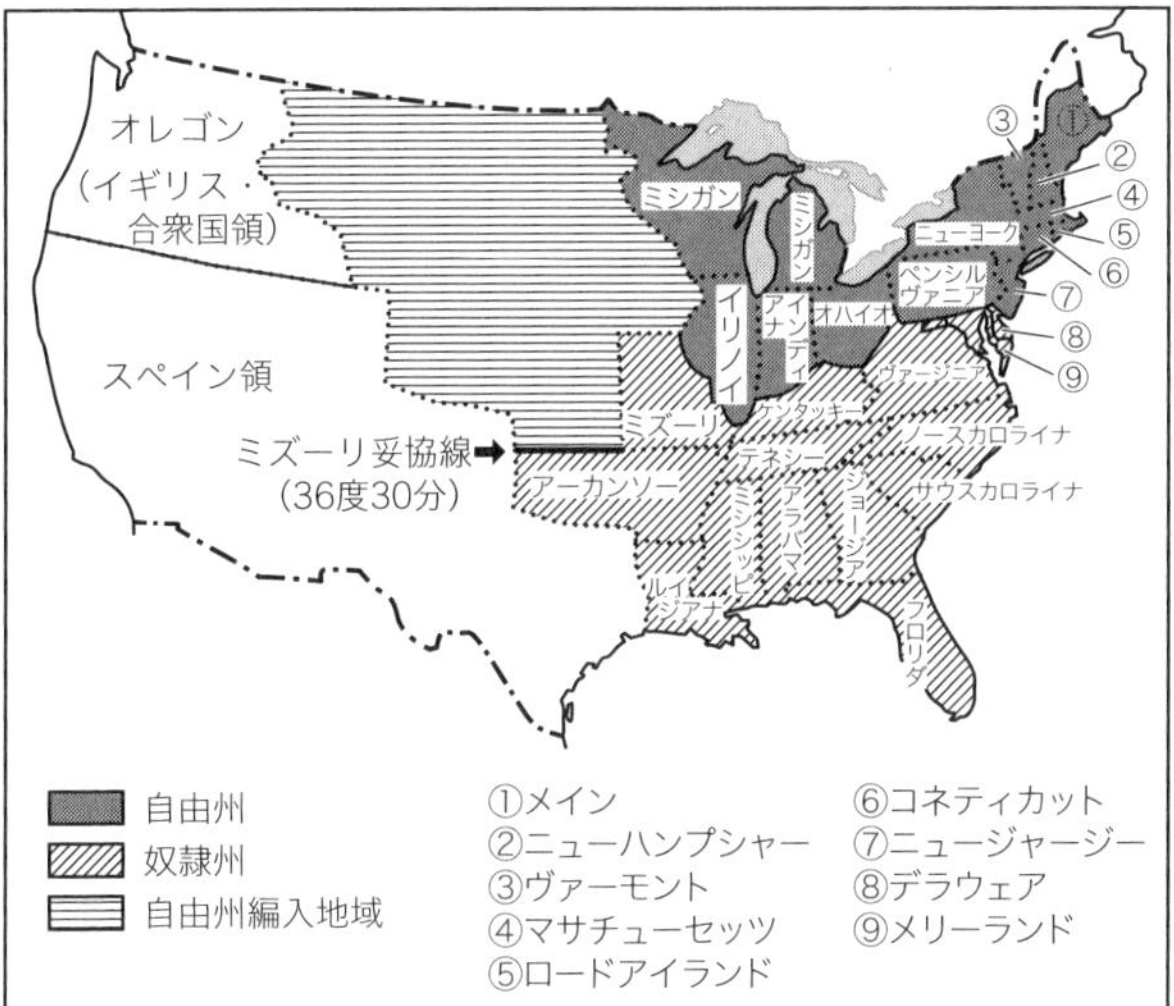

図16　ミズーリ妥協分割案

成立する見込みはなかった。したがって、（1）と（2）の妥協点を別個の法案に分けて、相対立する南北の強硬派を分断孤立させることによって辛《かろ》うじて法案を成立させたのである。かくして、ほとんどの北部議員が（1）の内容を規定した法案には反対投票し、多くの南部議員が（2）を規定した法案に反対投票したのである。特にジェファソンはじめ共和派の中核を担ったヴァージニアの政治家たちは、三十六度三十分分割案に強く反対した。

「明白な運命」メキシコ領土獲得戦争

ミズーリ論争が怒号の中で頂点に達した時、ヴァージニア共和派の機関誌、リッチモンド『インクワイアラー』は、「もし北部で我々の行動の自由が奪われるならば、西部へ腕を伸ばすしかない」と主張し、メキシコ領テキサス併合の必要を説いた。ジェファソンも一八〇九年、当時世界最大の砂糖生産地に発展しつつあった奴隷制キューバの、「自由の帝国」への併合を主張していた。ミズーリ論争時点でも、キューバとテキサスの併合は時間の問題だと考えていた。

一八二三年のモンロー宣言は、独立直後のラテン・アメリカ諸国に対するヨーロッパ列強の介入に反対する宣言であったが、この旧スペイン領の大半は、南部人たちの考えでは、合衆国に編入して、奴隷州とされるべき地域であった。

しかし、奴隷解放の潮流は十八世紀後半から十九世紀前半にかけて、合衆国北部にはじまって、ハイチ、英領カナダ、中央アメリカ、コロンビア、ヴェネズエラ、エクアドル、メキシコ、英・仏・デンマーク領西インドへと、合衆国南部を包囲する形で広がっていった。特に一八二九年のメキシコ、一八三三年の英領西インドの奴隷解放は、南部人たちの危機意識を高めた。さらに英国政府が国内世論の圧力を受けて、大西洋における奴隷貿易を全面的に押さえ込もうとしたことが南部人たちを刺激した。

テキサスに奴隷を引き連れて入植していた南部人たちは、一八三六年ついに独立を宣言して、合衆国への加入を決めた。しかし、テキサス加入は奴隷制拡大を嫌う北部世論の反対にあって遅れた。一八四四年大統領選挙で、テキサス併合を主張する新人の大プランター、ジェームズ・K・ポークが元大統領マーティン・ヴァン・ビューレンを抑えて民主党候補に選ばれ、ホイッグ党の大物ヘンリー・クレイを相手に大接戦の末大統領に当選した後、やっと一八四五年三月、議会がこれを承認した。

この選挙に際して、ポーク派はテキサス併合を求める南部プランターだけでなく、オレゴン地方における英国勢力の排除を求める北西部農民、太平洋の海運基地サンフランシスコのメキシコからの割譲《かつじょう》を求める北東部の商人資本家の支持をも期待して、好戦的な対外膨張主義を煽《あお》った。

論壇では一八四五年夏、ジョン・オサリヴァンがテキサス併合を、神によって合衆国に与えられた「明白な運命」であると賛美し、アングロサクソンのカリフォルニア支配は必然であると主張して、当時の国粋主義の台頭を代表した。

ポークにとってカリフォルニア獲得は既定方針であった。合衆国は一八四六年五月メキシコに宣戦布告し、一八四七年初めまでに軍事目的を達成し、リオグランデ川以北のテキサスの併合を正式に認めさせた上、さらに、カリフォルニア、ニューメキシコを獲得した。オレゴン地方に関しては、一八四六年英国との間に北緯四十九度の線で分割することで決着した。

かくして大西洋から太平洋にまでに跨《また》がる合衆国領土ができ上がった。ポークはじめ南部の政治家たちは、さらにキューバ獲得をも目指したが、南北の厳しい対立の中で、その野望はついに実現しなかった。

2―運輸革命

有料道路建設

北米大陸の英領植民地時代の安価な大量商品輸送は、大西洋沿岸と航行可能な河川流域に限られていた。当時の道路は岩と切株を除去しただけのもので、雨季には重い馬車はぬかるみで立ち往生した。商品輸送に最適の季節は橇《そり》の使える冬であった。しかし、雪上輸送の南限は、ペンシルヴァニア州とニュージャージー州の北部までであった。独立後イギリスの重商主義規制から解放されて、各州議会は自由に株式会社特許を与えることができるようになり、有料道路、橋梁《きょうりょう》、小運河などの会社が続々と設立された。

一七九一年、フィラデルフィア・アンド・ランカスター有料道路会社が設立され、早くも一七九四年に両都市間全長六十マイルの石塊舗装道路が完成し、最初から利潤を生んだ。その後有料道路建設は各地に波及し、たとえばニューヨーク州だけで、一七九七年から一八〇七年の間に八十八の有料道路・橋梁会社に特許状が与えられ、約九百マイルもの道路が建設された。

十八世紀末までの合衆国の商品経済の発展は海外貿易に大きく依存していたが、世紀転換期頃、東部の海港都市とその後背地域との間の商品交換が、初期の工業化の基盤を築いた。そして、一八〇七年の出航禁止法以降、第二次米英戦争終了時までの海上貿易不振の時代に、内陸商品流通主導の経済発展の型が北部で定着した。しかし、馬車輸送だけでは

図17　悪路を走る馬車

図18　ニューヨークのブロードウェイの様子（1835年）

広大な北米大陸の開発は不可能であった。

大運河建設ブーム

第二次米英戦争後、本格的な内陸開発として長距離運河が建設された。最初の口火を切ったのは、ニューヨーク州のエリー運河であった。ハドソン河畔のオルバニーからエリー湖岸のバッファローまで東西に延々《えんえん》三百六十四マイルに及ぶ当時世界最長の大運河計画だった。一八一七年に着工され一八二五年には全線開通し、開業直後から高収益を上げ、翌年には早くも交通渋滞から運河の拡幅工事の必要が叫ばれるほどであった。

運河建設直前、バッファローからニューヨークまでのトン当たり運賃が百ドルだったものが、南北戦争直前までに九五パーセントも下落していた。運輸コストの安さから、その後に出てきた高速輸送の鉄道とも十分競争することができ、その貨物輸送量は一八八〇年まで増加し続けた。この運河建設の成功によって、ニューヨーク市の合衆国における商業金融中心地としての地位は不動のものとなった。

エリー運河に対抗して西部への運輸手段を確保するために、ペンシルヴァニア州フィラ

図19　ニューヨークのエリー運河の様子（1836年）

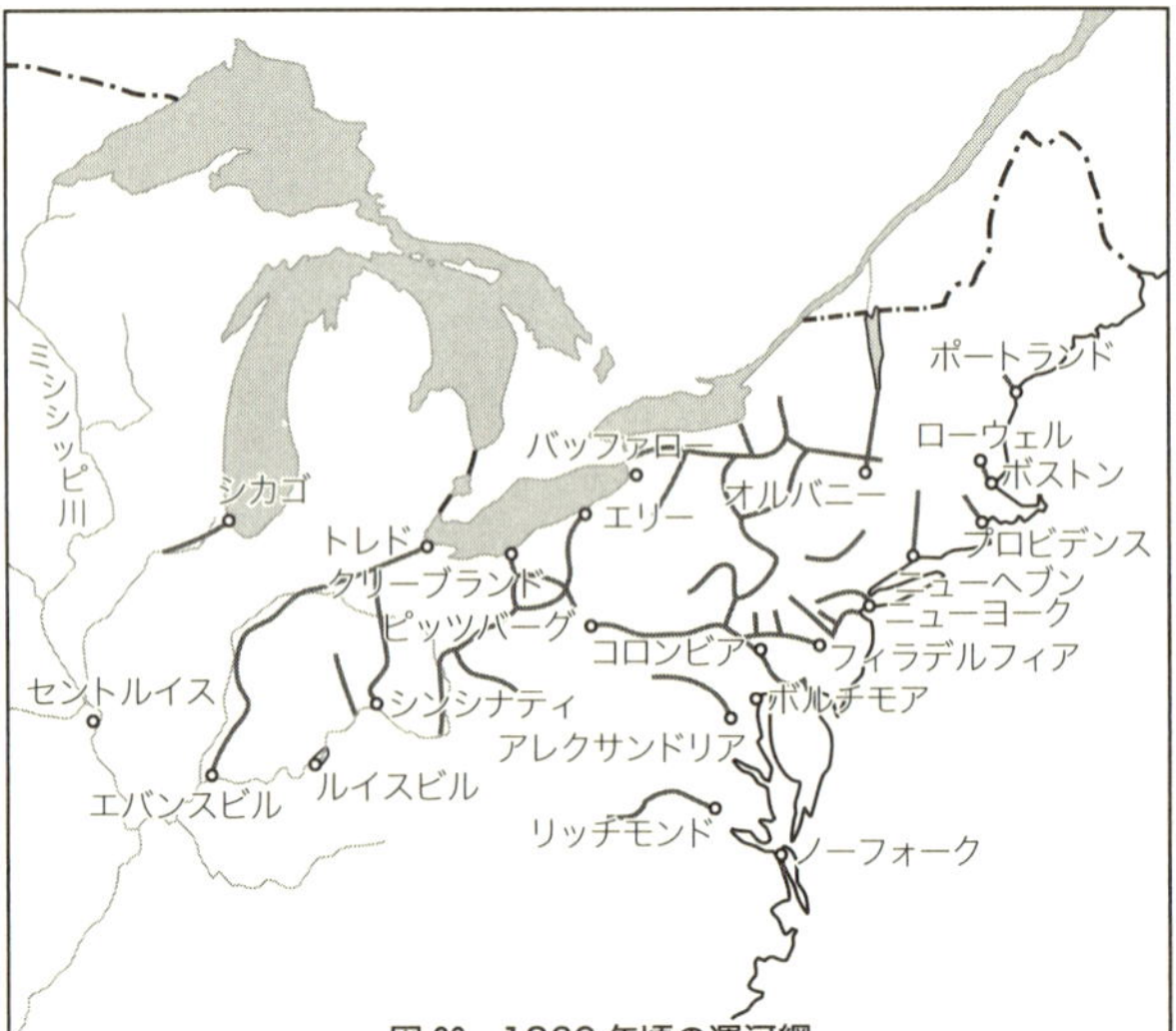

図20　1860年頃の運河網

デルフィア商人やメリーランド州ボルティモア商人もそれぞれの州で運河建設に乗り出し、中西部諸州もミシシッピ水系と五大湖とを結びつける野心的な運河建設計画に着手した。また東部ペンシルヴァニアでは民間企業も運河建設に乗り出し、この地域の無煙炭田開発を助けた。この無煙炭田こそ、東部の海港都市に家庭用燃料を供給すると同時に、ペンシルヴァニア東部を南北戦争前、合衆国の重工業中心地にまで発展させる基盤となった。

これらの運河建設のために、各州政府は巨額の公債を発行して英国から資金を調達した。一八三七年恐慌以後の不況期に英国資本の流入が途絶すると、多くの運河経営が挫折し、ペンシルヴァニアその他の州が利子支払停止に追い込まれた。計画自体の甘さもあったが、鉄道という恐るべき競争相手の登場が致命的であった。一八三七年恐慌をもって運河建設熱の時代は終わり、鉄道建設時代が始まる。

その後多くの運河が鉄道との競争に敗退したとはいえ、運河によって初めて、広大な内陸地方の鉄、石炭、穀物、木材等の生産物の東部海港都市への搬出が可能となった。エリー運河の場合、遠く五大湖北岸のカナダ物産までニューヨーク港に運ばれた。この米加両地域は経済的に結びつき、一八四六年英国穀物法廃止に際し、一時モントリオール商人が本気で米加併合運動を展開したほどである。

蒸気ボート

一八一五年の第二次米英戦争終了時から南北戦争直前の一八六〇年までの時期は、河川蒸気ボートの黄金時代であった。有料道路と運河の建設は十九世紀前半の米国経済発展の最大の牽引車《けんいんしゃ》ではあったが、河川蒸気ボートと競合できるものではなかった。むしろ河川交通の自然的限界を補うものにしかすぎなかった。東部ではロバート・フルトンがクレモント号をハドソン川に浮かべることに成功し、まもなく西部のミシシッピ水系でも蒸気ボートが使われだした。

一八五五年西部河川では、七百二十七隻、総計十七万トンの蒸気ボートが運行していた。その運輸量の増加は、一八二〇年から一八六〇年までの間に百倍にも達した。五〇年代のボートは船長三百フィート、船室以外のデッキ乗客だけで三百〜四百人に達した。その優雅な姿は、アメリカ人の古き良き時代の思い出として、今日でも各地の観光客のための呼び物として使われている。初期の蒸気ボートは爆発事故など問題も起こしたが、中西部に

図21　フルトンのクレモント号

図22　ミシシッピを下る平底船

における蒸気機関工業の発展を先導する役割をも果たした。しかもミシシッピ名物の筏《いかだ》下りとも共存した。

西部ペンシルヴァニアの生産物は、もともとピッツバーグから平底船《ひらぞこぶね》と呼ばれる筏に載せてオハイオ・ミシシッピ川を下り、ニューオーリンズ港経由で東部諸都市に運ばれていた。しかし、平底船で川を遡ることは非常に困難であった。船頭たちは大量の荷物を積んで一ヵ月余りの期間で下ることができたが、帰途ニューオーリンズ＝ピッツバーグ間千九百五十マイルを四ヵ月以上もかかる難儀な長旅をしなければならなかった。蒸気ボートのおかげで、帰途が楽になり、一八四六〜七年の筏下りの最盛期には、年間二千七百九十二隻もの筏がニューオーリンズに到着した。しかし十年後には、中西部と東部を結ぶ鉄道の競争に押されて、筏下りの数は五百四十一隻に激減していた。

鉄道時代の開幕

鉄道の企業としての実用性は一八二九年イギリスで実証された。しかし早くも一八四〇年には、全ヨーロッパに千八百十八マイルの鉄道が存在したのに対し、合衆国ではすでに

図23　サウスカロライナを走っていた鉄道（1831年）

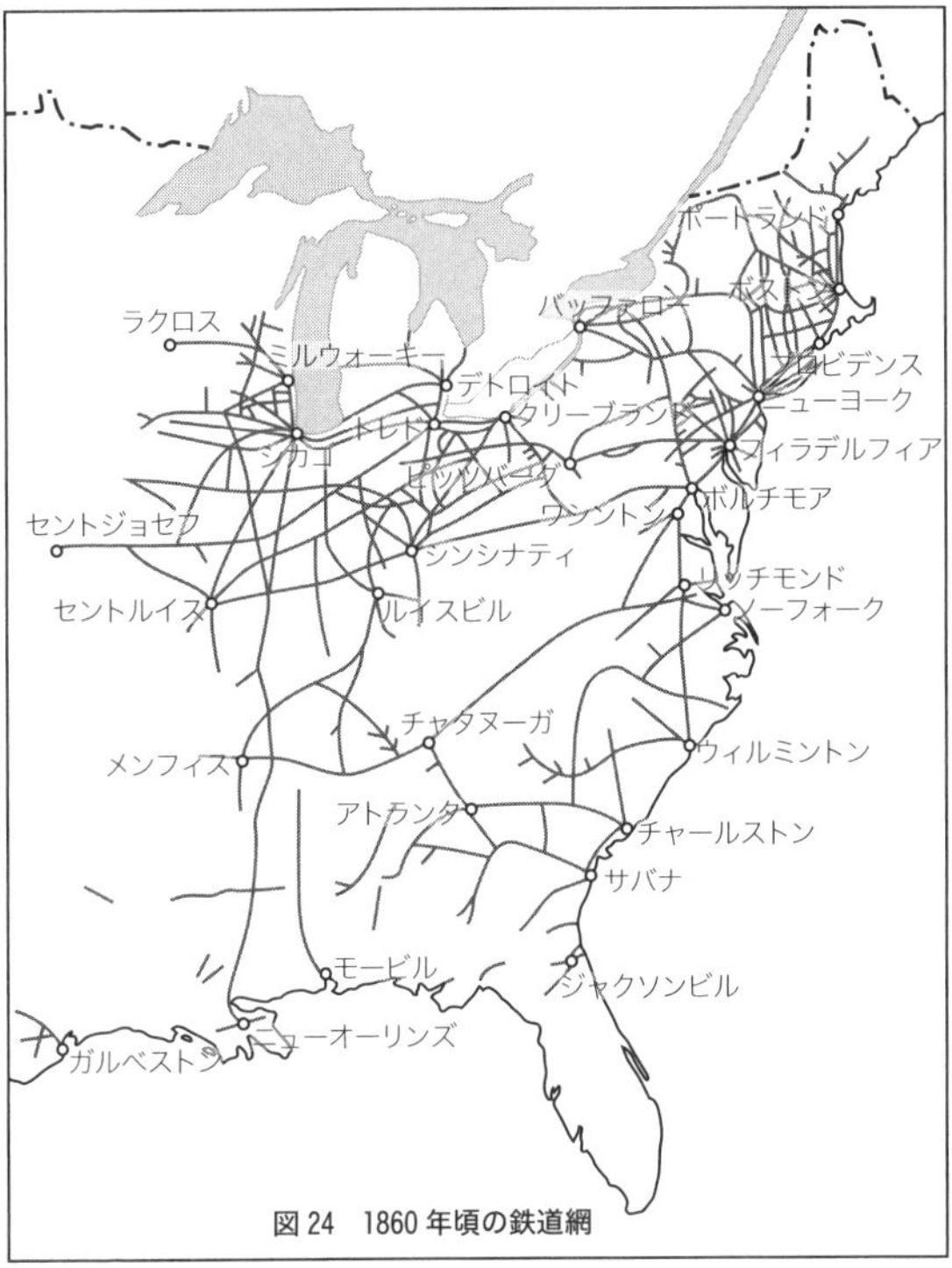

図 24　1860 年頃の鉄道網

三千マイルの鉄道が建設されていた。安価で肥沃《ひよく》で広大な土地の存在が、米国における鉄道建設を決定的に有利にし、すでに南北戦争以前に、巨額のイギリス資本が合衆国に投じられた。東部のボストン、ニューヨーク、フィラデルフィア、ボルティモア、チャールストンなどの海港都市の実業界指導者たちは、広大な西部市場の支配を目指して鉄道建設競争に乗り出した。ジョージ・R・テイラーはこれを「メトロポリタン重商主義」と呼んでいる。運河と違って自然的条件に制約されないので、それだけ競争は激烈だった。

そして、ボストンのステイト・ストリートやニューヨークのウォール・ストリートの金融集団が西部の鉄道建設金融にも乗り出すようになり、一八六〇年までに、ミシシッピ川以東の地域に三万マイルもの鉄道が建設された。かくして、南北戦争前にほぼ全国市場が統一された。特にミシシッピ川によって南部と経済的に緊密な関係にあった西部が、商業金融の中心である北東部と鉄道によって結びついたことは、南部に対する北部の決定的優位を確立することになった。

アメリカ海運業の全盛時代

十九世紀前半の目覚ましい内陸開発の進展に目を奪われて、この時代がアメリカ海運業の全盛時代だったことは見落とされがちである。合衆国は独立直後の一七八七年の立法で、メインからサウスカロライナに至る長い大西洋岸の国内海運業から外国船を排除した。植民地時代から盛んであった海運業が、フランス革命後の英仏戦争期に仲介貿易で栄えたことはすでに述べた。

ナポレオン戦争時代の欧米の商船は、十六世紀のエリザベス時代とほとんど変わっていなかった。その後一八六〇年までの間に革命的変化をとげたが、それでもまだ木造帆船《はんせん》が世界の貨物運輸を支配していた。各国が国内の造船業を保護していた当時にあっては、海運業の発展は国内造船業の発展に大きく依存していた。広大な原野から良質の木材を産し、十八世紀初頭以来イギリスの船舶資材供給地であったアメリカは、地理的に造船・海運産業の発展に最も恵まれた国であった。米国帆船は世界の海に乗り出した。一八四三年から一八六〇年の時期は「クリッパー船時代」と呼ばれ、米国の快速帆船クリッパー「雷光号」はリヴァプールへの初航海で、二十四時間当たり四百三十六マイルの新記録を出した。

図25　全長245フィートのクリッパー船

ヤンキーの船乗りたちが嵐も恐れず命知らずで冒険的なことは、同時代の『アメリカにおけるデモクラシー』の著者トクヴィルも注目していた。また、一八四〇年代、四十千トンのイギリス船を運行するのに、四十人の乗組員と十人の見習い水夫を要したが、同じ大きさの米国船は全員でわずか二十人か三十人しか要しなかった。一八一八年、ニューヨーク商人によってニューヨーク＝リヴァプール間に初めて定期便が運行されるようになり、一八四五年にはニューヨーク港から大西洋定期便船が週三便も出航し、その就航船舶数は五十二隻にも達していた。

米国政府は自国海運業の国際競争力を背景に海運自由化政策を推進し、米国海運業は一八二〇年代には毎年自国の輸出入総額の八八パーセント以上、輸出総トン数の八五パーセント以上を運んでいた。その割合は一八六〇年でも、それぞれ六六・五パーセントと七一パーセントであった。しかもその主要な貿易相手国は、世界の海運大国イギリス連合王国だった。ペリーの日本来航も、その強力な海運力による中国貿易進出の一環だったのである。

しかし、日本人がペリーによってまのあたりに見せられた蒸気船の出現こそ、米国海運業の衰退の契機となった。合衆国政府は一八四〇年代後半から一時、大西洋蒸気船航路に補助金を出してその振興をはかった。しかし、アメリカの造船・海運業者はイギリスとの競争に対抗できなかった。

さらに蒸気船の発達は木造船に代わって鉄船の時代を招来し、アメリカの企業家はイギリスと公海で競い合うよりも、自分たちの大陸の広大な裏庭に鉄道を建設する方を選んだ。ハドソン川蒸気ボート業界から大西洋横断海運に乗り出し、後に鉄道王となったコルネリウス・ヴァンダービルトは、その典型といえよう。

3──工業化と労働者階級の形成

工場制度の出現

アメリカ合衆国における工場制度導入の先駆者は、英国移民サミュエル・スレイターであった。合衆国建国直後の時期の英国政府は、機械輸出や熟練職人の移民を禁じていた。多くの職人たちが、アメリカの企業家たちの誘致や州議会の報奨金の約束に応えて、自らの職業を偽《いつわ》り、あるいは海岸からボートで漕《こ》ぎ出し、沖合の船に乗り込み密航した。スレイターもアークライト紡績機その他当時の最新紡績機械製作技術を暗記して、プロヴィデンスの町にやって来て、クェーカー商人モーゼス・ブラウンと協力し、一七九〇年代初頭、ロードアイランド州ポータケットにアメリカで最初の水力紡績工場を建設した。ブラウン家について一言付け加えておけば、アイヴィー・リーグの一つブラウン大学の創立者として有名な植民地時代の名門で、今日でもその邸宅が保存されている。

彼らの試みは、建国初期のアレクサンダー・ハミルトンの製造業育成政策によって助成された計画とは別個に始まったものであり、ハミルトンの育成政策の挫折という環境の下でも、緩慢ではあるが着実に進行した。この企業で働いた機械工たちが、後にスレイターたちと協力したり、あるいは独立して、次々に新しい工場を建てていった。一八〇九年、南部ニューイングランドで操業していた二十七紡績工場の大半の建設が、直接、間接に彼らの企業に負っていたといわれている。

このスレイターが導入した工場制度は、ロードアイランド型と呼ばれているが、その特徴は、家族ぐるみで雇用し、その児童労働を機械の導入によって必要になった安価な不熟練労働力として使用する点にあった。各家族の七〜八歳以上の児童が働いた。一八一六年、スレイターのある工場では六十五人が働いていたが、一家族で七人も八人もこの工場で働いている家族もあった。このような家族の出自は、ニューイングランド農村の過剰人口となった貧農であった。

この種の工場は十九世紀前半、南部ニューイングランドからニューヨーク、ニュージャージー、ペンシルヴァニアへと中部大西洋岸地域一帯に広く普及した。このような初期の工場経営を担った熟練職人のかなりの部分は、イギリスからやって来た。一八一二年の戦争中、敵国人として登録された七千五百人のうち、約一千人がランカシャーその他からやってきた織物工または織物機械工であり、彼らは工場監督をし、また最新の技術をアメリカ人に伝えた。

世界最初の紡織一貫工場

ボストンの商人資本家家族集団「ボストン・アソシエイト」は、一八〇七年以降の貿易不振の打開策として、初めて国内製造業に目を向けた。一八一三年、フランシス・ローウェルの主導のもとにマサチューセッツ州ウォルサムにボストン製造会社を設立し、六年間に六十万ドルもの大金を注ぎ込み、大規模な運河を造って水力を調達し、世界最初の機械による紡績から織布までの一貫生産工場を建設した。

この型の工場はニューイングランド北部の各地に設立されたが、「ローウェル型」ないし「ウォルサム型」工場と呼ばれている。ロードアイランド型の工場がパートナーシップ組織で資本金も一万ドルを超えるものは少なく、労働者も工場当たり数十人を超えなかったのに対し、この型の工場では最初から株式会社形態をとり、労働者も数百人に達した。

図26　ローウェルの綿工場

そしてその労働者はニューイングランドの農村からやって来た未婚の若い女性たちで、会社の寄宿舎に住んで働いた。経営者たちはみずから博愛主義者をもって任じ、その福祉施設をヨーロッパからの来訪者たちに自慢した。しかし、労働時間は一日平均十二時間半であった。当然彼女たちは、時にはデモやストライキもする労働者であった。彼女たちの自尊心は高く、その抵抗の活力の源泉は、ニューイングランド小農民の独立自営の精神にあった。そしてその多くは、結婚資金の小金を稼いだら辞《や》めるつもりであった。

しかし、彼女たちを供給してきた多くのニューイングランドの農家経済が、エリー運河開通後の西部農業との競争の打撃を受けて崩壊した。しかも一八三七年恐慌以後、綿業企業間の競争が激化し、賃金が大幅に切り下げられたため、一八四〇年代に入るともはや彼女たちはやって来なくなった。その後に大量のアイルランド人移民労働者が働くようになり、工場労働者の状態も、当時の悪名高きイギリスの労働者の状態とほとんど変わらなくなった。そして米国綿工業は一八三〇年代末までに、力織機の導入の割合という点では、すでにイギリスに劣らぬ水準に達し、高級織物製品を除けば英国と十分競争できるまでに成長していた。

アメリカ職人の技術

マーク・トウェインは一八八九年に、有名な『アーサー王宮廷のコネティカット・ヤンキー』を出版した。その中に、コネティカット・ヤンキーが六世紀のアーサー王の宮廷に現れ大臣となり、その最初の仕事として特許局を設置したという愉快なお話がある。当時の読者は、ヤンキーといえば、発明狂であると考えていたらしい。

トマス・C・コクランは『変化のフロンティア――アメリカにおける初期インダストリアリズム』（一九八一年）のなかで、米国工業化の初期の段階における中部大西洋岸地域の職人たちによる技術革新を高く評価し、特にその木工技術の役割を重視している。多くの初期の金属加工職人は、木工職人の中から出てきた。製粉機から西部の蒸気ボートのための高圧蒸気機関の開発まで、多彩な発明の才を示したオリヴァー・エヴァンズはその典型である。植民地時代以来の造船業の伝統や、十九世紀前半の農業の商業化に伴う水車を使う製粉業の広範な展開が、繊維機械産業の発展とともに、米国木工技術の裾野《すその》を拡大した。

十九世紀前半、米国の金属加工業も目覚ましい発展をとげた。早くも一八三〇年代末までにフィラデルフィアの製造業者たちは、産業革命の祖国イギリスに蒸気機関車を輸出していた。鉄砲生産の互換式大量生産方法は当時世界最新の技術であり、二十世紀のアメリカ的生産様式の先駆であった。すでに一八四〇年代までに、アメリカの職人たちはミシン、収穫機械、電信機など、おびただしい数の発明をして、それらの実用化に成功していた。タイプライターもすでに発明されており、南北戦争直後には実用化されることになる。一八四七年トマス・エディソンが生まれた時すでに、アメリカ人は発明狂になっていたのである。製鉄業の農村工業から都市の大工業への発展のためには、溶鉱炉燃料の木炭から石炭への転換が必要だったが、これもやや遅れて五〇年代には大方完了し、イギリスからの輸入と競争しながら鉄道レールの国産も始まった。

労働者階級の出現

労働者階級は機械制大工業の成立の時代に大量に出現する。しかし、労働者階級は実際には機械制大工業の中にだけ形成されたのではない。また工業化段階における労働者固有の文化も、大工場の中からだけ生まれてきたものではない。先に説明したロードアイランド型綿紡績工場は、その周辺地域の貧しい住民たちを、問屋制前貸しという形で手織り工として多数雇用していた。また今日ボストン郊外のリゾート地となっているリンは、十九世紀前半米国最大の靴工業町となっていたが、当時靴製造にはまだ機械は導入されていなかった。しかし、この町の靴企業家は、自分の屋敷内で熟練職人を雇って革を裁断し、周辺の多数の住民に縫い合わせ製品に仕上げさせ、これを集めて遠く西部農民や南部の奴隷の靴として出荷した。一八五四年ミシンが初めて導入され、その後急速に普及して労働者の工場集中をもたらし、労賃の急激な切り下げを可能にした。しかし、自宅でミシンを使う労働者の存続の余地は残した。

図27　リンの靴工場（1850年頃）

十八世紀のリンの靴工たちは、半農・半漁民で、家畜を飼って生活していた。一八三〇年までに彼らの大半はもっぱら靴製造の賃金によって生活するようになっており、家畜を飼っている者などほとんどいなくなっていた。この人たちはまぎれもなく労働者であった。一八六〇年には、北部ニューイングランドで二万を超す靴工たちがストライキに立ち上がった。リンの町でも六週間の間に五回の抗議デモが行われ、最大のデモが行われた三月十六日には、各居住地区ごとに隊列を組んで六千人が参加した。

当時の靴女工の場合、工場労働者も自宅で働く労働者も、出来高払いの賃金をもらっていたので、彼らの利害は一致していた。したがって、彼らの闘争は町ぐるみの闘争となった。このデモにはミリシア隊（州民兵）

や消防団までが加わったのである。北部企業家の味方として、労働運動にはほとんど同情心をもたなかったリンカン大統領候補も、彼らの票は無視できなかった。彼はわざわざ労働者に向かって呼びかけ、奴隷と違って北部の労働者にはストをする権利があると演説して、奴隷制反対の共和党への投票を求めた。

大都市の共同体的職人の世界の崩壊

しかし、初期の労働者階級意識と彼らの固有の文化形成が典型的に見られたのは、綿織物工場町やリンのような農村の中から生まれた職人町ではなく、ニューヨーク、フィラデルフィア、ボストンのような大都市であった。この問題に関しては、ショーン・ウィレンツの『民衆支配の賛歌――ニューヨーク市とアメリカ労働者階級の出現、一七八八―一八五〇年』が、米国だけでなくヨーロッパや日本の歴史家からも特に注目されている。

彼はニューヨーク市における労働者階級形成過程を「メトロポリタン・インダストリアリゼーション」と名付けて、労働者の生活と文化に焦点を合わせて研究している。まず彼の研究によって一八一五年の居住状態を見ておこう。

建国期までのニューヨーク市の親方と職人は、しばしば同じ屋根の下に住み、同じ食事をし、一緒に酒を飲み、一種の家族共同体的世界に住んでいた。しかし、少なくとも一八一五年までには、職人の十人中九人までが親方とは別の家に、しかも空間的にかなり離れた居住地域に住み始めていた。したがって当然、親方抜きの自分たちだけの酒盛も多くなった。

職人の半数以上が三十歳を超え、約四分の一が四十歳を超えていた。職人たちの大多数が結婚しており、その妻帯者の約半数が四人以上の扶養家族を抱えていた。年を取ったからといって、若い仲間の職人たちより裕福であるとは限らなかった。ジャクソン大統領時代から南北戦争直前までの政界の黒幕的実力者サーロー・ウィードは、当時ニューヨーク市で若い印刷職人として働き、後にロチェスターの町での新聞発行を足がかりに出世した人物であった。彼はかつての仲間のほとんどが生涯雇われの身分から上昇できそうもないのを見てがっかりし、これは彼らが金も蓄《たくわ》えず酒ばかり飲んでいるせいだと考えた。

この種の意見には賛否両論あった。しかし重要なことは、手工業職人の世界が、ウィードのような出世した少数の人々と、これとは全く異なった人々とに分断されつつあったという事実である。

雇われ職人（ジャーニーマン）という言葉は本来、旅人という意味で、中世史家や文学研究者たちは、しばしばこれを遍歴職人と訳している。徒弟修業を積んだ後、若いうちに旅をしながら腕を磨《みが》き人生修業している人々のことで、いずれは一人前のマスター・アーティザン（親方職人）になるべき人々であった。

十九世紀アメリカの若い職人もよく旅をした。しかしそれは多くの人にとって、ただ職と賃金を求めての当てのない旅であった。親方中心の伝統的な職人ギルドは崩壊し、頼りにならなかった。中世ドイツ語をもじったマルクスの表現を借りれば、鳥に食われても誰も助けてくれない「自由」の旅であった。彼らにとって組合はぜひ必要であった。それは彼らの間の通行証にもなった。いまや中世以来続いてきた手工業者たちの共同体的世界は崩壊し、新しい階級関係が形成されようとしていた。

企業家親方の出現と職人組織の自立

職人たちは最初、親方たちの互助団体に組み込まれていた。しかし、たとえばニューヨーク市では、一七九四年以降約三十年間に、印刷工、家具工、椅子製造工、船大工、靴工、桶製造工、大工、仕立て工、帽子製造工、石工らの職種で彼らの組織が結成された。あるものは互助組合であり、あるものは労働条件を親方たちと交渉する労働組合であった。いずれにせよ、親方の団体から自立した彼らだけの組織が形成された事実に注目すべきであろう。そしてこの間これらの職種で、二十数件のストライキが記録されている。一八一〇年の大工のストの場合、職人たちが、敵対的な新聞や親方職人の連合組織の建物〝メカニックス・ホール〟に殴り込みをかけるという事件も起きた。

企業家としての成功を目指す親方たちは、賃金を伝統的な「公正な賃金」ではなく、自由な市場価格で支払い、分業による生産性の向上を試み、労働者に勤勉と節約の道徳を説き始めた。各地で禁酒運動を始めたのも、概して職人上がりの企業家とプロテスタント聖職者たちだったといわれている。これに対して、職人たちは「公正な賃金」に固執し、要求が退けられると、生産協同組合を作って対抗し、職種内分業に反対し、徒弟期間の厳守を求めた。そして伝統を守る多くの小親方たちがこれを支持した。こうした職人たちの要求は、一見過去復帰的であり、小生産者的・前近代的であるとして低く評価する見解もある。しかし、これが実際の十九世紀の労働者の世界から生まれた彼らの抵抗の姿だったのである。この考え方は、十九世紀後半の労働運動にまで強い影響力をもった。

アメリカ労働運動の出現

「アメリカの労働運動は一八二七年フィラデルフィアで初めて現れた」（ヘレン・サムナー）。個々の職種における労働時間短縮や賃上げのための争議はすでにあった。しかし、都市の職人たちが職種の違いを超えた一つの階級として、横断的な組織を作った例としては、一八二七年六月に生まれたフィラデルフィア市の職人同職団体連合が最初である。この組織は職人たちの組織化とスト支援を行いながら、労働者の自己教育や生産協同組合の設立を呼びかけ、翌年七月「勤労者党」へと発展した。これは世界史上最初の労働者政党だといわれている。この運動の指導者の靴工ウィリアム・ヘイトンの生産共同組合思想は、インディアナ州ニューハーモニーで共産村設立に悪戦苦闘していたイギリスの有名な空想的社会主義者、ロバート・オーエンを感激させた。

このフィラデルフィアの後を追って、東部の大都市だけでなく、全国各地に勤労者党が生まれ、これらを支持した新聞の総数は五十を数えた。いずれも間もなく消滅したが、ニューヨーク市の運動を指導したトマス・スキドモアの思想は注目に値する。彼によれば当時のアメリカ社会は、ほんの一握りの金持ちと事実上財産を持たないその他大勢の貧乏人に完全に分かれた社会だった。

彼は次のように書いて煽動した。蒸気機関を「握りしめてみずからのものとする以外に、貧乏人は何をなすべきであろうか。同様に綿製品工場、羊毛製品工場、鋳鉄工場、圧延工場、住宅、教会、船舶、商品、蒸気ボート、農業用地などを彼らに占有させようではないか」と。今日の日本では、気でも狂ったのではないかと言われそうな男ではあるが、彼の指導するニューヨーク勤労者党は、一八二九年州選挙でニューヨーク地方区のなんと二八パーセントもの得票を獲得したのである。後に若き日のマルクスは、このニューヨークの運動の話をあるスコットランド人のアメリカ旅行記で読んで、これを社会主義運動の先駆として高く評価した。

勤労者党の運動が失敗に終わった後、一八三〇年代中葉、今度は各都市で労働組合運動が盛り上がった。当時の組合運動は一般に熟練職人中心の運動であったが、フィラデルフィアの運動は、一八三六年、屋外で働く不熟練労働者をも巻き込む、アメリカ史上最初のゼネストにまで発展した。いくつかの職種では全国的な職能組織の結成も試みられた。しかし当時は都市中心に運動が展開され、異なった職種間の連合が必要とされたので、熟練・不熟練を超えた地域の労働民衆の連帯を生み出しやすい条件が存在したのである。

アスター・プレイス劇場暴動

アメリカの労働者の職場と地域における連帯にとって最も厄介な問題は、文化的伝統を異にする移民労働者が次々に後からやって来るという点である。この問題はすでに南北戦争前の時期、アイルランド移民の大量流入によって深刻化していた。たとえば、フィラデルフィアでは一八三七年恐慌後の不況期に多くの組合が壊滅し、労働民衆の連帯感が弱体化していたところに、一八四四年、織布工が多数住む労働者居住地区で、カトリック系アイルランド人とプロテスタント系住民との間に数日間にわたる暴動が起き、銃撃戦が展開された。また三〇年代以降、黒人教会や奴隷制反対派の建物に対する打ち毀《こわ》し事件など各地で起きた。

大都市の治安は支配層にとって、十九世紀中葉までに深刻な問題となった。十八世紀には人口三万程度の町だったニューヨークは一八六〇年には百万を超え、フィラデルフィアも五十万を超えていた。かつて治安は都市の有力市民の指導のもとに、消防団や地区警察やその他の自治組織によって維持されていた。しかし、上層市民は消防団その他の都市の自治活動から手を引き、もっぱら実業と閉ざされた私的社交に専念するようになった。

代わって町の自治は労働民衆の中の有産市民が指導するようになり、各地区の街頭では、若者に人気のある二十歳を超えたばかりの町の顔役が、チンピラどもを引き連れ群雄割拠して島《しま》を取り仕切るようになった。その上、民族集団間の対立や、さらには政党の末端組織の縄張《なわば》り争いもからんで、彼らの出入りも絶えなかった。この頃から人々は、町中で短銃を持ち歩くようになった。典型的な西部劇のガンマン時代はしばらく後のことである。

ニューヨーク市のバワリー通りの劇場では、アメリカ語を軽蔑する鼻もちならないイギリス人役者がやじりたおされて、上演不能となることなどしばしば起きた。そして一八四九年、エリート向けのアスター・プレイス・オペラ劇場で、マクベスの舞台に立つイギリス人役者ウィリアム・マクレディおよび彼のひいき筋と、町の遊び人との間に騒動が起こり、二百人の警官と三百人の民兵の護衛のもとに後日再演されることになった。この時これに反対した群衆二十二人が射殺され、翌日の抗議集会でジョン・コマフォードが、ニューヨークの「貴族階級」による虐殺に激しく抗議した。彼は、かつて一八三〇年代中葉に昂揚したニューヨークの労働組合運動の最高指導者であった。

他方、金持ちのフィリップ・ホーンは、上流社会の消息を事細かに書き残したことで有名な彼の日記の中で、「法と秩序が共和政体の下で維持しうるという先例が確立した」と書いた。翌年、アメリカ史上初めて、都市の労働者が労働争議中に警察によって虐殺される事件がニューヨークで起きた。それまで都市の行政機構は各地区に分権化していたが、この頃から各都市で、消防、警察などを手始めに集権化され、さらに既存の市の管轄区域を超えて広域化されはじめることになる。

4——南部奴隷制社会の発展

綿花王国の形成

建国政治を指導したヴァージニアのプランターにとって、奴隷制の未来は決して明るいものではなかった。タバコ価格の低迷と連作による土地枯渇による経営不振に喘《あえ》いでいたからである。しかし、イギリス産業革命による綿花需要の急増と一七九三年イーライ・ホイットニーの綿繰機の発明によって、奴隷制は不死鳥のごとく甦《よみがえ》った。この発明によって、繊維の短い綿から容易に綿の実を除去することができるようになり、奴隷労働を使って広大な内陸地方で大量の綿花を生産し、これをイギリスに輸出することができるようになったからである。

一八二〇年代以降南北戦争直前の時期まで、綿花輸出は合衆国の輸出総額の五〇パーセント前後を維持し続け、特に一八三六年から四〇年までの期間は、実に六三パーセントにまで達した。さらにその上、北部の綿織物工場に大量の綿花を供給していたのである。まさしく「綿こそ王者であり、働くのは黒人」であった。特にこの時期、奴隷制農園経営はジョージア、アラバマ、ミシシッピ、ルイジアナといった南西部地域へと急速に拡大していった。

東部のプランターみずから奴隷を引き連れて移住した場合もあるし、彼らの息子たちが出かけて行った例もある。また東部に居残った農園主たちも、自分たちの奴隷に育てさせた奴隷の子供を、奴隷需要の多い南西部の農園主に高値で売りつけて利潤を稼いだ。

しかし、東部のヴァージニアでも、投機的西部開発が頂点に達した一八三〇年代を除けば、奴隷人口は絶対的には一貫して増え続けた。この州の黒人人口は、一七九〇年の約三十万人から一八六〇年の約五十五万人に増加した。この州では約一割の自由黒人がいたので、その分は差し引かねばならぬが、それでも依然として最大の奴隷所有州だった。ヴァージニアはやはり南部の盟主であった。

黒人奴隷の文化は自立していたか

南北戦争直前の一八六〇年、合衆国人口三千百四十四万人中、黒人人口は四百四十一万人で、その内四十九万人が自由黒人で、あとはすべて奴隷であった。自由黒人のうち約半数は北部自由州に住んでいたが、残りの半数は奴隷制南部、特に奴隷制経済が停滞傾向にある古いチェサピーク湾岸諸州に多く住んでいた。彼らは黒人とはいえ、純血アフリカ人は少なく、実際には混血が多かった。また、自由黒人の多くは南北ともに都市に住み、白

		1790年		1860年	
地域	州（1860年現在）	総人口	黒人人口	総人口	黒人人口
植民地時代以前の南部	ヴァージニア	692	306	1,220	549
	メリーランド	320	111	687	171
	サウスカロライナ	249	109	704	412
	ノースカロライナ	394	106	993	362
	デラウェア	59	13	112	22
	ジョージア	83	30	1,057	466
	ワシントンD.C.			75	14
中部大西洋岸	ニューヨーク	340	26	3,881	49
	ペンシルヴァニア	434	10	2,906	57
	ニュージャージー	184	14	672	25
ニューイングランド	マサチューセッツ	379	9	1,231	10
	ロードアイランド	69	4	175	4
	コネティカット	238	6	460	6
	ニューハンプシャー	142	（不明）	326	（不明）
	ヴァーモント			315	1
	メイン	97	1	628	1
独立後に生まれた奴隷州	ケンタッキー	74	13	1,156	236
	テネシー	36	4	1,110	283
	ルイジアナ			708	350
	ミシシッピ			791	437
	アラバマ			964	438
	ミズーリ			1,182	119
	アーカンソー				
	テキサス			604	183
	フロリダ			140	63
独立後に生まれた自由州	オハイオ			2,340	37
	インディアナ			1,350	11
	イリノイ			1,712	8
	ミシガン			749	7
	アイオワ			675	1
	ウィスコンシン			776	1
	カリフォルニア			830	4
	ミネソタ			172	（不明）
	カンザス（準州）			107	1
	ネブラスカ（準州）			29	（不明）

表1　1790年・1860年の各州総人口と黒人人口（単位：千人）

図28　南部の綿花プランテーションで働く黒人たち

人が肉体労働を蔑視した南部では、都市の建築工などの熟練労働を担い、黒人教会を作るなど、彼ら独自の社会と文化を形成していた。

では、奴隷の生活はどうだったか。黒人奴隷制度は、合衆国だけでなくブラジル、中央アメリカを含むカリブ海沿岸地域全体に存在した制度である。米国以外の地域では大規模な奴隷叛乱が頻繁《ひんぱん》に起こり、フランス革命中、ハイチでは叛乱から遂に黒人共和国の樹立にまで至った。合衆国南部奴隷制の顕著な特色は、大規模な叛乱がほとんど皆無《かいむ》だったことである。しかし最近の研究では、奴隷が決して主人の意のままにならず、逃亡、サボタージュ、仮病、盗み、等々の形で抵抗した点が強調されている。恐らく奴隷が叛乱に訴えなかった理由は、西インドなど違い、黒人人口に比して白人人口が多く、その支配機構も堅固であり、奴隷人口が広大な大陸に散在していたので、大規模な組織化も困難で、叛乱成功の可能性がなかったからであろう。

しかし、西インドでは奴隷人口の再生産ができず絶えず外部からの輸入に頼ったが、合衆国の奴隷人口の増加の大半は輸入ではなく、自然増であった。しかも、英領西インドでは主人の虐待を激しく糾弾《きゅうだん》する歌があるが、米国の黒人霊歌には現世の苦難を訴える歌はあっても、それは荒々しい抗議の歌というよりは、来世での救済を期待する形で、宗教的に昇華されてしまっている。二十世紀前半の白人の歴史家たちが、奴隷はみずからの境遇に甘んじていたと考えたのには、それなりの理由があった。

その後一九五〇年代には、奴隷制の非人間性が強調され、その下で黒人たちは人間性を完全に剝奪《はくだつ》され、知性と自立した精神を喪失した「サンボ」型人間類型が生まれてきたと主張された。しかし、六〇年代公民権運動が未曾有《みぞう》の盛り上がりを見せた後、いわゆるサンボ型人間とは、抑圧のもとで主人に偽装して対応することを迫られた黒人に対して当時の白人たちが勝手に心に描いた虚像に過ぎず、黒人たちには彼ら独自の生活と文化が存在したのだとする見解が強まった。

奴隷の家族

ハーバート・ガットマンの家族史研究は、その最も興味深い研究の一つである。合衆国の奴隷は法制的には物として規定され、したがって結婚して家族を維持する権利を否定され、家族から切り放して売買された。ここでは安定した家族関係は形成されず、極端な言い方をすれば、事実上雑婚状態しかありえなかった。この奴隷制の負の遺産が、二十世紀の都市スラムにおける黒人家族崩壊現象の起源であるとする見解があった。ガットマンはプランテーション史料に残された奴隷の人名記録を分析し、彼らの名付けの慣行を明らかにし、彼らの間に広範な親族関係網が存在したこと、近親結婚の禁止など、彼ら独自の規律が存在したことなどを明らかにした。また奴隷が解放されたとき、すでに彼らが長い間事実上の夫婦関係を維持してきた多くの事例が、南部に対する占領行政に当たっていた連邦政府当局の調査記録からも報告されている。

確かに黒人たちは昼間は主人のための強制労働に服したが、労働が終わって「日没から夜明けまで」の奴隷小屋では、彼らだけの生活が待っていた。そこで彼らの共同体とアフロ・アメリカンとしての固有の文化が徐々に形成されたことは、今日では共通認識となっている。

しかし、奴隷主は権力を握っていた。奴隷の父親は親としての確認の法的根拠を欠き、実際に親として子供を経済的に養育できず、主人の鞭打《むち》ちその他暴力的恣意《しい》的支配から保護することもできなかった。彼にはたしてどれだけ親としての権威と責任感を維持することを期待できたのか。奴隷制下の黒人男性が、解放後、家族共同体を主体的に支えうる資質をどれだけ発展させていたのか。今後黒人女性史研究が進めば、改めて問い直されるべき問題である。また、奴隷は奴隷主階級の宗教であるキリスト教を受け容れたが、一体、黒人の文化的自立性をどの程度評価すべきか、等々の問題をめぐっても、議論が分かれる。

マルクス主義史家ユージン・ジェノヴィーシーの場合、黒人奴隷の文化の自立性よりもむしろ、プランター階級の奴隷に対する家父長主義的文化的支配力の強さを強調している。しかし彼は、奴隷がキリスト教を受け容れながらも、主人とは異なった信仰の内容を深めた点をも強調しているのであって、ここでも、奴隷主階級の家父長主義的支配に対する奴隷の人間としての主体的対応が問われている。かつての単純なサンボ的黒人奴隷像は、もはや米国の歴史学界では過去のものとなったと言ってよかろう。

第五章　アメリカ社会の形成

ノースカロライナ（1789）

ロードアイランド（1790）

1――家父長的権威の衰退と近代家族の形成

父と子――「選択革命」

イギリスの家族制度が植民地時代百数十年間、そのままの形で存続することは不可能であった。植民地時代末期には分割相続制度が一般化し、長子相続制度や限嗣《げんし》相続制度は南北を問わず事実上消滅していた。その理由の一つとして、植民地での土地の広さに比しての労働力の不足が挙げられる。父親は、多くの子供たちの労働力を確保し荒野を開拓して農業経営を拡大するためには、何らかの形で分割相続を約束する必要があった。

とはいえ、家父長の権威は厳然として存在した。たとえば、植民地時代のニューイングランド農村社会は自給自足的性格が強く、若者たちにとって農業と村のわずかの手工業以外ほとんど雇用機会はなく、しかも家父長たちは子供が成人に達しても財産分与を渋り、相続を期待する息子たちの労働力を支配し続けた。当然彼らの結婚年齢は引き延ばされ、親の祝福を得て結婚して生計は別にしても、土地所有権の譲渡は先のことである。父親がまとまった財産を子供たちに譲り始めるのは、死期の近づく晩年になってからであった。

しかし、植民地時代以来の急激な人口増加と、十九世紀に入ってからの内陸開発と工業化の進展により、伝統的家父長支配の経済的基盤が崩壊した。入植後二代、三代、四代と続く間に、個々の農民の土地所有は細分化し、分割相続されるべき親たちの土地は足りなくなった。息子たちはもはや、親の小さな農地を分割相続して生計を立てることは期待できず、西部へ移住して農業で職を求めるか、都市の労働者その他の職を求めることになる。

その際、父子の間に何が起こったか。どうも二通りの典型があったようだ。一つは、労働運動指導者トマス・スキドモアの青年時代の例である。彼は一七九〇年コネティカット州フェアフィールド郡ニュータウンで十人兄弟の総領として生まれ、十三歳になる前に地域の学校の教師になった。父親は当然のこととして給料を全部取り上げた。しかし、十八歳になったスキドモアは金を父に渡すことを拒否し、親と喧嘩《けんか》して家を出た。後の彼の社会批判の中核には、家父長支配に対する厳しい批判と、遺産相続制度そのものの全面的否定の観念が据えられた。

彼の兄弟が十人だったことは十八世紀には普通であった。人口急増の一因は多産にあった。たとえばベンジャミン・フランクリンの父は、後妻として入った彼の母に十人の子供を生ませ、さらに先妻の子が七人いた。スキドモアの家出もまたそれほど例外的ではなかった。伝統的な考え方によれば、息子たちは二十一歳になるまで「父親のために働くことを義務づけられた一種の財産のごときものとみなされていた」(ジョーゼフ・F・ケット)。したがって、新たな雇用機会を外部に求める若者は、十七歳から二十一歳頃の間に、父親の強い反対を押し切って独立した。もちろん、実際には一定の金を支払うなど、父親との間にいろんな形での妥協が図られることも多かった。

また植民地時代の徒弟制度は、未成年者の雇用形態であると同時に、技術教育と親に代わる後見監督機能をも果たしていた。建国初期には、多くの職種で徒弟制規制が著しく弱まり、少年たちが徒弟期間を務め上げずに逃げ出し、よそで職人として働くことも多くなった。先のロードアイランド型工場では、少年たちは最初から徒弟としてではなく、賃金労働者として働いた。このこともまた彼らの親たちからの自立を早めた。

他方、もっと恵まれた人々の例もある。聖職者や弁護士のような高等教育を必要とする専門職で成功した人々の場合、彼らの親は子供を働かせるよりも、高等教育の機会を与え、若い頃から独立心を強めるように育てた記録も残されている。しかし、このような子供たちは全体の数からいって決して多くはなかった。ただ、彼らは指導的な役割を果たす人々であり、十九世紀に支配的な文化を形成し、「世論」を左右したという点で、この子育ての型は歴史発展の推進力となった。

若者たちの親からの経済的自立は決して豊かな未来を保障するものではなかったが、彼らの職業や住居や居住地に関する自己決定は、広く人間関係一般に根本的な変化を惹起《じゃっき》した。最近ウィービは十九世紀前半の人々の空間的・社会的流動化を「選択革命」と名付け、これを基軸概念に十九世紀前半の政治・社会史全体を説明している。この人口の流動化は、十九世紀前半の米国史を理解するための大切な視点である。

女の領域

父親の権威の衰退と徒弟制の教育監督機能の弱体化は、家庭内教育担当者としての母親の役割を強めた。市場原理の働く厳しい競争社会で、脱落者にならずに生き残っていくことのできるような、創造的ではないにしても、知的で勤勉で自制力のある人格を育て上げることこそ、まさしく「女の領域」となった。メリー・P・ライアンはニューヨーク州オネイダ郡の女性たちの生活を丹念に調べ、その著『中産階級のゆりかご』の中で、彼女たちの子育ての努力を資本主義社会に生き抜く一家総ぐるみの「家族戦略」として描いている。最近、十九世紀における出生率の急激な低下を、家庭内における女性主権確立と短絡的に結びつけた説明が見受けられる。しかしこの説明は「家族戦略」を媒介項に入れないと説得力を欠くことになる。当時の多くの女性にとって、「女性主権」はあくまでも家族共同体という至高の価値の中に位置づけられていたからである。

女の領域の理想的な担い手となりうるのは、新しく台頭しつつあった企業家の女房など、生産労働から手を引き、もっぱら家事と子育てに専念する「中産階級」の妻たちであった。そして十九世紀中頃までに、都市中産階級の妻たちだけでなく、多くの農家の主婦たちも野良仕事をしなくなった。特にアングロサクソン系農民の場合そうであった。かくして、信心深く貞節で、忍耐強く思慮深い慈愛に満ちた女性の理想像が、女性作家たち自身によって描かれ、これがベストセラーになった。このことはまた、文筆だけでは食っていけないナサニエル・ホーソンなどの癪《しゃく》の種でもあった。

ライアンのいう「家族戦略」は、もちろん家庭内教育だけにとどまらず、より高度の学校教育の要求へと向かう。家計の主な担い手となる男子だけでなく、子供に初歩的な知的訓練を与えうる母親を作るためには、当然女子教育も重視された。この延長線上に、安価な知的男子労働力が極度に不足していた合衆国では、職業としての女教師が誕生する。以来米国では、初等学校教師を「女の仕事」とみなす伝統が今日まで続いている。

公立学校制度と画一主義的人間管理

個々の家族の家族戦略が、米国における初等中等公立学校制度の早期の普及を支えたことも疑いない。一八三七年ニューイングランドのマサチューセッツ州で、米国近代学校教育制度の父ホレイス・マンの努力によって最初の州教育委員会設置法が成立し、公立学校制度の基礎が作られた。その後、学校教育制度の普及とともに、多くのニューイングランドの娘たちが男たちの後を追って、教師として全国各地に散って行った。西部の逞《たくま》しい男と東部からやって来た女の先生との心暖まる恋物語は、ハリウッドのお得意のテーマであった。しかしアメリカには、口喧《やかま》しくお節介をやく人に対する「ニューイングランドの

図29　初期の女学校の教室風景を描いた画

女の先生」という痛烈な悪態がある。この言葉には、ニューイングランド人特有の道徳的独善主義に対する他地域の人々のいら立ちが込められていたのだが、同時に学校による道徳教育の押しつけに対する、庶民の手厳しい批判の伝統の存在を読み取ることができる。

実際、米国においても近代的教育制度は、労働民衆の教育要求に沿って生まれてきたとは言い難い。確かに、労働運動指導者の中からも公立教育制度を求める要求が出てきた。しかし、その要求は、社会的不平等を是正する手段として主張された。他方、現実に教育制度確立を推進した人々は、労働民衆の子弟の中に見られる怠惰と「非行」を矯正し、勤勉と節約の慣習を確立させようとしていた。教育改革者ホレイス・マンは、十九世紀中葉、各州で猛威を振るったメイン法（禁酒法）の熱烈な支持者でもあった。

一九七〇年代以降の教育史家の中には、教育改革者たちの真の目的は、労働青年たちの「社会的統制」にあったのだと主張する人々も少なくない。米国教育史研究も最近では労働民衆史に接近し、教育学部の孤島から船出して社会史という広場に進出している。一世代前には、コロンビア大学のメイン・キャンパスと、「ホレイス・マン」という名の教育学部の建物を隔《へだ》てる百二十二丁目通りは、「世界で一番広い道」であるといわれた。このような教育学部の閉鎖性がもたらす知的頽廃《たいはい》に対する批判は、少なくとも歴史家の間では弱まっているのではなかろうか。

一般に公教育制度は、公的施設の中で画一的な規律を課すことによって教育効果をあげ、生徒たちの人格を陶冶《とうや》できるという、近代の学校教育特有の考え方に基づいて設立された。しかし、公的施設での画一的規律による人格陶冶という観念は、植民地時代のアメリカには存在しなかった。たとえば、当時残虐な刑罰はあったが、長期間施設に拘禁することによって犯罪者を「教育」するという、いわゆる懲治《ちょうち》監獄制度はなかった。これも十九世紀前半に成立し、アメリカがこの制度の先進国になった。また精神病院や救貧院も、画一主義思想に基づいてこの時期に生まれた。いずれの施設も、かつて家父長的家族やタウン共同体、親方職人、村の聖職者たちが果たしていた機能を代行するものであった。

これらの施設の規律の形態が、軍隊や工場と酷似していることはよく指摘される。常備軍が非常に小さかった十九世紀米国では、軍隊との関係を論ずることはあまり意味がない。しかし、工場は無関係とはいえない。少なくとも公立学校制度は、毎日命令に従って集団的に日課を果たす習慣をつけさせただけでも、工業社会に適合的な人々を作り出すのに貢献した。初期の工場経営者にとっての最大の課題の一つは、人々を毎日定刻通り出勤させることであった。前工業時代の人々にはそのような習慣はなかったからである。

H・ガットマンの研究によれば、初期の米国の工場主は、今日は天気が良くなったから工場に行くのはやめにして、魚釣りに、あるいは茸《きのこ》採りに行こうという労働者を抑えることができなかった。「朝には狩りをし、午後には魚を取り……」というマルクスの『ドイチェ・

イデオロギー』の中の有名な言葉は、単なる共産主義者の空想の産物ではなく、真実、工業化時代の労働者の中に存在した慣行であり、そしておそらくは、現代の労働民衆の魂の中に生き残っている夢なのである。

2―第二次大覚醒運動

内陸都市ロチェスターの成長

「選択革命」は、植民地時代以来の多くの古い慣行を崩壊させた。企業家的親方と職人たちの生活空間の区分は、東部の大都市だけでなく、ニューヨーク州西部のロチェスターのような町にまで及んだ。一八一二年にはまだそこは未開の森林地帯であった。エリー運河開通後の一八三〇年には人口一万の都市に成長し、開拓途上の広大な農業後背地のための商品集散地からさらに製粉業その他の製造業都市へと発展しつつあった。おびただしい数の農民たちがこの町を経由して奥地に入植し、多くの若者がこの町に滞在し職を求めた。

最初、親方たちは職人たちと同じ作業机で働き、仕事の合間に一緒に酒を飲んだ。今や企業家たらんとする親方たちは、手仕事は職人たちに任せ、安い原料の仕入れや、より多くの顧客の確保に専念するようになった。合理主義的精神を身につけた親方たちによって、職場から酒が追放され始めた。職人や徒弟たちは、他国からの流れ者や運輸労働者やその他の日雇い労働者たちと一緒に街の酒場で酒を食らい、賭博をし、喧嘩をするようになった。これは活気に満ちてはいたが、企業家的親方たちにとって耐えがたいことであった。居住空間も分化しつつあったが、なにぶんにも小さな町のことでもあり、お互いに背中合わせに生活しているような状態だったので、夜の喧騒もがんがん聞こえた。

町の有産市民の中から、人々を教会に出席させるために日曜日の運河の運行にまで反対する安息日厳守運動や、禁酒運動が現れた。しかし、足並みはそろわなかった。さらに政界からのフリーメイソン追放の運動がこの地域で起こり、町の指導層の間での分裂も混迷を深めるばかりであった。指導者たちは何かが起こることを期待していた。

焼きつくされた地域

一八三〇年から一八三一年にかけての冬、町の第三長老派教会に説教師として招かれてやって来たチャールズ・グランディソン・フィニーが、町に突如として宗教的熱狂を巻き起こし、彼の名声は、東はボストンから西はミシガンの辺境地方にまで轟《とどろ》きわたった。このような宗教的熱狂は、商業化された農村地域、特に職人たちの多く住む新興の製造業町で強かった。中でも、エリー運河開通で活況を呈していたニューヨーク州西部一帯においては、信仰復興の運動は燎原《りょうげん》の火のごとく広がったので、この地域全体が「焼きつくされた地域」と呼ばれるようになった。

このロチェスターでの出来事は、特に一八二〇年以降全国的に広がった第二次大覚醒と呼ばれる信仰復興運動の、最も劇的な一幕であった。この新しい信仰復興運動の歴史的意義は、現世の究極的変革可能性を否定する米国プロテスタント正統派の悲観主義的人間観を打破し、プロテスタント系住民を千年王国思想に基づく諸々の社会改革運動に駆《か》り立てる動因となった点にあるとされている。カルヴィン以来、予定説の立場を堅持してきた伝統的考え方によれば、人間の原罪ゆえ、この世の諸悪を根絶することは不可能なことであり、人々にできることは、悪が無限にはびこらないように制御することだけであった。第二次大覚醒運動とともに民衆の間に根強く浸透した「後千年王国思想」と呼ばれる新しい

図30　信仰復興運動の集会の様子を描いた画

考え方によれば、今こそ人々は悔い改め行いを正し、この世から諸々の悪を追放して千年王国を実現し、その上でキリストの再臨を迎えるべし、ということになった。

このような精神的風土のなかで、禁酒運動、モルモン教排斥運動、女権運動、聖書普及運動、安息日厳守運動、カトリック系アイルランド人排斥運動、奴隷制廃止運動など、諸々の改革運動が展開された。これらのプロテスタント的改革運動の極点ともいうべきものに、ジョン・ハンフリー・ノイズの「完全主義」運動がある。彼の設立した共同社会では、私有財産だけでなく、両性間の性と人格を独占する一夫一婦制まで罪として否定された。これらの運動の根底には、「選択革命」によって伝統的生活規範が崩壊した状況の下で、新しい社会秩序を模索する人々の願いがあった。千年王国思想の影響は一部の労働者の運動にも見られたが、この時期の諸々の道徳主義的改革運動の基調を支えたのは、やはり新興の企業家たちであった。

3──政党制度の出現

好感情の時代

共和派のジェームズ・モンローは、一八一七年大統領就任直後、永年の政敵の牙城《がじょう》ニューイングランドを訪れ、連邦派の熱烈な歓迎を受けた。一八一七年六月十七日付『コロンビア・センチネル』紙は、「好感情の時代」の到来を報じた。

両派の対立の時代は終わった。連邦派はニューイングランド以外では衰退し、共和派の一党支配の時代となった。他方、共和派は第二次米英戦争直後の国家意識昂揚《こうよう》の中で、ジェファソンの農業立国論を捨て、戦後経済再建のため一八一六年、第二合衆国銀行を設立し、かつてハミルトンが提唱して果たせなかった保護関税政策を採用した。元来政党政治に批判的だった連邦派にとって、党派の存立理由は消滅した。モンロー自身も政党政治に批判的だったので、超党派政治を唱導し、連邦派の紳士たちを公職に任命しようとした。

しかし、全国政治で超党派政治が展開されていたこの時代に、中部大西洋岸地域の州政治の次元では、新しい政党政治を担う政治家集団が形成されつつあった。この地域はその住民が民族文化的に多元的であったため、植民地時代以来派閥抗争が絶えず、政党制度が出現しやすい条件を備えていた。

一八一二年大統領選挙で、ニューヨーク州共和派のデュウィット・クリントンが北部の反戦世論を背景に、連邦派の支持を得て共和派現職のマディソン大統領を相手に善戦したことはすでに述べた。クリントンの連邦派との提携は、一八一九年のミズーリ危機に際しても見られた。ジェファソンらヴァージニア共和派は、このことを理由にミズーリ危機を、連邦派による厭《いと》うべき党派政治復活の陰謀として宣伝した。

ニューヨーク州共和派内にも、連邦政治における南部プランターとの提携を重視し、連邦派との共闘に反対する人々がいた。彼らはヴァン・ビューレン派として一八一〇年代にクリントン派から分派した。この両派は一八二〇年代半ば過ぎまで激烈な党派抗争を展開した。この間クリントンの強力な指導力によってエリー運河が建設され、これによって、広大なニューヨーク州西部が開発され、この州有運河経営にからむ銀行営業特許がまた激しい政争の的になった。しかもこの州では、両党派が民衆の支持を求めて鎬《しのぎ》を削《けず》る中で、一八二一年の州憲法改正と一八二六年の州選挙法改正によって、白人成人男子普通選挙制度が確立することになった。

職業政治家集団の形成

ヴァン・ビューレンはこの党派抗争の中で、最初バックテイルと呼ばれ、後にオルバニー・リージェンシーと呼ばれるようになる、鉄の規律をもった職業政治家集団を創りあげた。その組織固めのための「飴《あめ》と鞭《むち》」となったのが、スポイルズ・システムと呼ばれる猟官制度であった。ニューヨーク州の党派目的に利用された公職は、州兵の将校、判事、治安判事、郡書記官、保安官、収入役、検屍官、その他の小役人まで加えると、その数は最も多

図31　ヴァン・ビューレン

い時には約一万五千人にも達した。建国期には、任命権限の知事への集中を制限する制度が創られた。しかし党派抗争の中で事実上の任命権限の集中が進み、州議会を支配した党派の指導者が、各郡の党員たちに地元の公職を配分するようになった。

そして、このような猟官者こそ、選挙のときの大衆動員のための最大の戦力となった。彼らは全くの無産者ではなく、政治的野心と才覚に富む人々であったが、建国期の政治指導者とは人間的資質と社会的出自を全く異にする人々であった。かつての名望家政治を担った人々にとって、政治は少なくとも建前上は、「自然の貴族」たちの公共への奉仕であり、社会的義務であった。しかし、新しい多くの活動家たちにとって、政治は出世の機会であり、もっと端的にいえば、金儲《もう》けのための手段であった。

彼らを統制し指導していくためには、彼らの野心を理解するだけでなく、それに心から共感できる資質が必要であった。これはジェファソンやジョン・アダムズのような人々には困難な仕事であり、むしろ生まれは決して良くはないが、みずからの才覚と人々の信頼を得て独力で立身出世した「セルフメイドマン」の仕事であった。旅籠《はたご》という接客業の亭主の息子に生まれ、永年の弁護士業と州政治で修業を積んだマーティン・ヴァン・ビューレンこそ、この仕事に最適の人物であった。

彼は他人に命令する生活習慣をもたず、堂々たる恰幅《かっぷく》や優雅さもなく、鋭敏な知性の持ち主ではあったが、人目をひくような華麗な才気を誇示する男ではなかった。彼は親しみのある説得調で演説し、他人の強さと弱さを理解し、妥協と協調の精神に富み、ホフスタッターによれば、今日よく見掛けるような、アメリカの郡裁判所や田舎の居酒屋での人間的出会いを楽しむことのできる政治家であった。換言すれば、二十世紀アメリカ政治に見られる最も典型的な政治家であり、あたかもスポーツをするかのごとくに政治闘争を実践する能力の持ち主だった。

リージェンシーの指導者の一人で、州知事を三期務めた後、国防長官、国務長官を歴任したウィリアム・マーシーの次の言葉ほど、彼らの政治文化をよく示す言葉はない。アメリカの政治家は「勝利を求めて闘っている時、その成果を享受しようとする自分たちの目的を是認する。もし敗れれば公職から退くことを予期し、もし勝てば、当然のこととして勝利の役得を要求する。彼らは敵のスポイルズ（獲物）が勝者の物となるということを、原則として悪いとは思わない」。アメリカの二大政党制度は、このような考えを公言する新しい私的利害追求集団によって形成されることになった。彼らにとって、政府の公職だけでなく、株式会社設立特許状、都市政府が発行する居酒屋・食料品店などの営業認可権限等々、すべてスポイルズであった。

一八二四年選挙とアメリカ体制

二大政党制形成の兆《きざし》は、一八二四年の大統領選挙に現れた。大統領選挙人獲得数では、アンドルー・ジャクソンが第一位を占めたが、過半数を制することができなかった。決選投票は下院で行われ、第三位のヘンリー・クレイが第二位のジョン・クインジー・アダムズ支持にまわり、アダムズがジャクソンを抑えて大統領に当選した。クレイはこの年の選挙の前、三月の議会演説で、内陸地方の運輸施設を連邦政府投資によって整備する内陸開発政策と保護関税政策とを積極的に擁護し、これを「アメリカ体制」と名付けた。この政

図33　クインジー・アダムズ

図32　ヘンリー・クレイ

策は、アダムズの出身地である工業的北東部とクレイの出身地の西部を、経済的に統合しようとするものだった。したがってアダムズ派とクレイ派との連合は当然であり、クレイはアダムズ政権の国務長官に就任した。他方、二・三位連合に敗れたジャクソン派は、これを両派の闇取引きとして糾弾し、人民の代表としてのジャクソンの正統性を主張して、選挙後間もなく次の大統領選挙の準備を始めた。これにヴァン・ビューレンが加担し、最大の人口をもつニューヨーク州をジャクソン派に傾斜させるのに貢献した。

一八二八年大統領選挙までにアダムズ派はみずから国民共和党を名乗るようになり、その後ジャクソン派も民主共和党を名乗り、さらにその後民主党と名乗るようになるが、いずれもジェファソンの共和派の正統の継承者をもって任じていた。しかも、ジャクソンは自己の経済政策を具体的に表明せず、両派の政策上の対立も鮮明でなかった。しかし、ジャクソン自身、奴隷制の発展しつつあった南西部のプランターであり、みずから兵を率いてインディアン諸部族を征服しプランター階級のために広大な南西部の土地を確保した英雄であり、副大統領候補にはサウスカロライナ州のカルフーンを配した。

ジャクソン政権

ジャクソン政権は一八二八年選挙で、奴隷制南部の堅固な地盤の上に北西部の票を加え、さらに中部大西洋岸の大票田ニューヨークとペンシルヴァニアの支持を得て成立した。ヴァン・ビューレンが国務長官に就任し、ニューヨークで創り上げた組織規律を全国政治に持ち込んだ。他方、カルフーン一派は間もなくジャクソンと袂《たもと》を分かった。しかし、ジャクソンは南部インディアン追い出し政策を打ち出して南部プランターの支持を固めた。北部の反ジャクソン派の中には、インディアンの味方とはいえないが、ジャクソンおよび南部人たちの性急な追い出し政策には批判的な者も少なくなかった。

与野党間の政策上の激突は、次の一八三二年の大統領選挙の前哨戦の中で起こった。南部共和派の中には、ジェファソン以来、合衆国銀行反対の伝統が残っていた。大統領としてのジャクソンはこの伝統に乗った。しかし、議会では四年後の一八三六年にきれる合衆国銀行の特許期限の延長を支持する勢力の方が強かった。大統領選挙出馬を狙うヘンリー・クレイは、この問題を選挙の争点にするために、合衆国銀行特許延長法案を通過させた。ジャクソンはこの法案に拒否権を行使することによって挑戦に応えた。

図34　アンドルー・ジャクソン

一八三二年選挙では、ジャクソンはヴァン・ビューレンを副大統領に従えて、クレイを破って再選を果たした。かくして、フィラデルフィアに本店を置く第二合衆国銀行の特許延長は不可能となり、金融中心地は完全にニューヨークのウォール街に移った。

一八三二年はヘンリー・クレイのアメリカ体制論にとっても転機となった。一八二四年、一八二八年、一八三二年と大統領選挙のたびごとに関税法が改訂され、国内製造業保護の政策基調が貫かれた。しかし一八三二年秋、カルフーンを指導者とするサウスカロライナ州は州民代表者大会を召集し、そこでサウスカロライナ州における連邦関税法の無効を決議した。これに対しジャクソンは、一方で武力弾圧の脅《おど》しをかけてサウスカロライナを屈服させ、他方で南部の支持者たちの利害を代弁して関税引き下げの必要を強調して、世論転換を指導した。このような状況下で、クレイは一八三三年妥協関税法成立を指導し、みずからアメリカ体制論を後退させた。以後、南北戦争前夜まで、州権論が強調される中で、自由貿易主義が合衆国の経済政策の基調となった。

フリーメイソン排斥運動

敗北したクレイに代わって、反ジャクソン勢力を結集する中核となったのは、ニューヨーク州の新興政治家たちであった。一八二〇年代後半、ヴァン・ビューレンがジャクソン支持にまわった頃、地方政治がらみのフリーメイソン会員によるモーガン誘拐事件を契機に、政界からのフリーメイソン追放運動が起こった。これが政党化して反メイソン党となってニューヨーク州西部を席捲《せっけん》し、さらに北部の全農村地域に波及して、一八三二年には独自の大統領候補指名の全国大会を開くまでに発展した。

フリーメイソンといえば、なにやらそれが陰湿な反体制的な陰謀家集団であるかのごとく描いた本や記事が、これまで欧米だけでなく日本でも繰り返し出版された。しかし十九世紀初頭のアメリカ社会は、この組織をごく自然に受け容れていた。十八世紀の比較的安定した村落社会が急激な変貌を遂げ、各地から見知らぬ人々が集まって新しい地域社会を形成しようとしていた時代には、そしてまた、近代的な信用機構は発達しておらず、取引きや信用供与も個人的な人格的結びつきに頼るしかなかった当時にあっては、お互いに信頼しあえるような相互扶助的人間集団を、地域を超えて形成しておくことがぜひ必要であった。フリーメイソンもそのような組織の一つとして発展した。この組織は、飲んだくれや詐欺師やその他いかがわしい人々を組織から排除して規律を維持し、会員相互の信頼を強め、社会的信用を高めた。

たとえば西部ニューヨークのジェネシー郡では、「人々は原始林を切り開き、タウン政府を作り、家庭や納屋や学校で一緒に祈っている間に、もう新しいロッジ(メイソンの支部)の建設を試みた」。この郡のルロイの町では、タウンとロッジが協力して学校を建て、そこで洗礼派と長老派と監督派が交代で礼拝を行った。メイソンは地域社会形成に指導的役割を演じたのである。フリーメイソンにはワシントンやフランクリンのような共和国建国の指導者も加入し、誘拐事件が起きた一八二六年当時、全国津々浦々に組織を張りめぐらして、地方の名士たちを中心に十五万人の会員を擁し、当時の政界の頂点に立つ二人の宿敵、ジャクソンとクレイもまたその会員であった。一八二六年のニューヨーク州知事選挙を競っていた二人の候補も、メイソンだった。

米国政党制度の確立

メイソンが政治的攻撃の対象となったのは、民衆の政治参加が進んでいた時期に、閉鎖的で位階制的組織原則を維持しながら、地域社会の中であまりにも威信と影響力を強めたため、共和政体にはふさわしくない貴族的特権団体とみなされるようになったからである。したがって、反メイソン党運動は、既存の政治指導者を排除する、新人たちによる反エリート主義的煽動を展開することになった。

この党は北部のアダムズ＝クレイ連合の支持基盤から発生してきたので、国民共和党と票を奪い合って共倒れとなった。しかしニューヨーク州では、反メイソン党の指導者サーロー・ウィードが主導権を握って反メイソン党と国民共和党を合体させ、反ジャクソン派を糾合《きゅうごう》してホイッグ党を創った。彼はさらに一八三六年大統領選挙では既存の大物政治家を排し、北西部のインディアン戦争の英雄ウィリアム・ヘンリー・ハリソンを擁立して、ジャクソンの後継者ヴァン・ビューレンと対決させた。

図35　ヘンリー・ハンソン

ホイッグ党は一八三六年選挙で敗北したものの、一八四〇年選挙では一八三七年恐慌の痛手から回復できないヴァン・ビューレン大統領を相手に、再びハリソンを立てて挑戦し、ついに雪辱を果たした。選挙参謀たちは、全国各地の全く立場を異にする人々の支持を集めるため、ハリソンには一切の政策的発言を封じ、彼がインディアン征服の英雄であり、西部の丸太小屋生まれの庶民であると宣伝し、各地で野外宴会を催し、パレードを繰り展《ひろ》げ、酒を振るまって票を集めた。両派の選挙戦は当時のヨーロッパ人の目には、さながらカトリック教徒の盛大な祝祭のごときものに見えた。投票率はついに白人成人男子の八〇パーセントにも達した。

ここに民主党とホイッグ党からなる米国二大政党制度の形成過程は完了した。以後、アメリカ政治の特質ともいうべき、イデオロギー対立を存立基盤とせず、もっぱら多元的利害調整によって権力獲得を目指す二大政党が競合する制度は、今日まで存続している。しかし当時の二大政党は、ともにその支持基盤に、奴隷所有者の利害を擁護する勢力と、これと鋭く対立する勢力を抱え込んでいた。その後間もなく、政界再編成の問題が政治家たちの直面すべき課題として登場してくることになる。

第六章　南北戦争と奴隷解放

ヴァーモント（1791）

ケンタッキー（1792）

1——奴隷解放運動と一八四〇年代の政治

奴隷制度に対する挑戦

奴隷解放運動は大西洋の両岸を巻き込んで発展した。イギリスでは一八二〇年代、西インド・プランターの政治力が低下し、奴隷貿易の取締り強化から、さらに奴隷制度そのものの廃止を求める運動が強まった。一八二九年、ボストンに住む自由黒人デイヴィッド・ウォーカーは『世界有色市民へのアピール』を刊行して奴隷解放を訴え、奴隷叛乱をも正当化して、白人に警告を発した。その印刷物は間もなく低南部の黒人たちの間にまで広まった。一八三一年、黒人奴隷ナット・ターナーはヴァージニア州で仲間とともに蜂起し、約六十人の白人を殺した後、捕えられて処刑された。同年末、英領西インドのジャマイカで大規模な奴隷叛乱が起こり、本国でも西インド奴隷の即時・無条件解放を要求する大衆デモが続き、一八三三年、本国政府は有償奴隷解放政策を採択した。

一八三一年、ウィリアム・ロイド・ギャリソンの『解放者』の発刊後、奴隷解放運動が北部で急速に高まり、特に信仰復興運動と結びついて多くの女性の心を捉えた。これは奴隷制問題を南部諸州の問題として限定することによって連邦の安定を図ろうとしていた人々を脅《おびや》かした。しかし、選挙権もない女たちにこの「政治の論理」は通用しなかった。一八三〇年代には奴隷解放運動家たちに対する暴行事件が頻発し、しかもこの「暴徒たち」は、各地域社会の「財産と地位をもった紳士たち」によって指導されていた。

他方、連邦議会でも一八三五年、南部での奴隷解放運動家の連邦郵便使用禁止をめぐって激論が闘わされた。一八三八年には、奴隷解放論者に転向したジョン・クインジー・アダムズが、何百通もの奴隷制反対請願書を読み上げて、三週間にわたって議事進行妨害を行い、奴隷制拡大のためのテキサス併合議案を葬《ほうむ》った。

自由党と自由土地党

一八三九年末、奴隷解放論者たちは自由党を結成した。指導者サーモン・P・チェイスらは、さしあたって、奴隷制の西部への拡大を阻止して、奴隷主権力の連邦支配を排除する戦略を立てた。一八四四年大統領選挙では、ホイッグ党の牙城ニューヨーク州西部の票田を奪った。結果的には、南部プランターに圧倒的に支持された民主党のポークが僅差で当選するのを助けた。ポークは一般投票の過半数を制したわけではないが、彼の当選は政治の流れを決めた。彼の勝利からテキサス併合承認、メキシコ戦争、カリフォルニア獲得までは一本道であった。

しかし、早くも開戦直後の一八四六年八月、メキシコから獲得予定の領土への奴隷制導入を禁ずるウィルモット条項が下院で可決された。この条項は上院で立法化を阻止されたが、これを不満とするニューヨーク州民主党の一派が脱党し、自由党と連合して自由土地党を結成した。彼らは一八四八年大統領選挙でマーティン・ヴァン・ビューレンを候補者に立て、決戦場となったニューヨーク州で民主党候補ルイス・キャスよりも多くの票を獲得し、今度はホイッグ党のザカリー・テイラーの当選を助けた。なお、この選挙でキャスは、キューバとユカタン半島の獲得まで主張していたのである。北部の二大政党の政治家にとって、奴隷主権力反対勢力は無視し難いものとなった。

一八五〇年の南北妥協

一八四八年に入って間もなく、カリフォルニアにおける金の発見のニュースが全国を駆け巡って、人々が殺到した。翌年、カリフォルニアの人口は早くも一万人を超え、早速、連邦編入問題が政治課題となった。ミズーリ妥協で奴隷州の北限とされた北緯三十六度三十分線は、ちょうどカリフォルニアの中央部を横断していた。鉱夫たちをはじめ、この地で一旗揚げようとしていた多くの白人たちは、黒人嫌いの人種差別主義者であった。奴隷であろうと自由黒人であろうと、彼らと労働力市場で競争することには絶対反対であった。

カリフォルニア住民は奴隷制を禁止して、連邦加入を申請した。後に南部連合の大統領となるジェファソン・デイヴィスなど多くの南部議員は、分離独立や内戦をも辞さない態度でこれに反対した。上院での南北均衡は保たれていたものの、人口比で選出される下院では、ウィルモット条項の通過に見られるごとく、すでに南部の劣勢は明らかであった。北部の商工業・鉄道の発展は南北の経済格差を拡大した。南部が誇る綿花輸出も、その運輸・販売・金融はすべて北部資本に支配されていた。プランターは、南部がいずれ北部の

図36　『アンクル・トムの小屋』広告

植民地となり、自分たちが西インド・プランターと同じ運命に追い込まれることを恐れた。

他方、北部のウィリアム・シュワードは一切の妥協に反対し、憲法よりも「高次元の法」、つまり神によって与えられた「自然法」の立場にたって、奴隷制度に対して憲法上の保護を与えることに反対した。激論の末、ホイッグ党の長老ヘンリー・クレイと中西部民主党の希望の星スティーヴン・ダグラスの妥協工作が成功し、カリフォルニアは自由州として編入された。

この一八五〇年南北妥協の際、南部への贈り物の一つは、逃亡奴隷法の制定であった。この法律によって、北部人の眼前で黒人が逮捕され、逃亡奴隷容疑ゆえに法廷での自己弁護の権利すら与えられず、南部に送られた。これは衝撃的だった。これまで多くの北部人にとって奴隷制は南部の問題であったが、この法律の施行は、奴隷制廃止運動家に格好の宣伝材料を与えた。ハリエット・ビーチャー・ストウの『アンクル・トムの小屋』が刊行されたのは、一八五一年のことであった。この小説はその後版を重ね何百万部が発行されることになるが、映画のなかった当時、盛んに舞台でも演じられた。北部の各州は、世論の支持を得て人身保護令を出して、この連邦法の施行を妨害した。これがまた南部を刺激した。

カンザス・ネブラスカ法

一八五三年、合衆国はニューメキシコの南の帯状の地域をメキシコから一千万ドルで購入した。南部に大陸横断鉄道の建設用地を確保するためだった。イリノイ州選出民主党上院議員スティーヴン・ダグラスは、イリノイ・セントラル鉄道の発起人で、シカゴやミネソタに不動産投資をしていた。彼は南部ルート計画に対抗して北方ルートの大陸横断鉄道を建設し、シカゴを鉄道中枢都市に発展させようとしていた。そのためネブラスカ地方の連邦編入を急いだ。この地域はミズーリ妥協によって自由州として編入することになっていた。しかし、カリフォルニア編入論争の中で、ダグラスたちは南部を説得するために、奴隷制導入の問題は住民の意志によって決定すべきだという論理を展開していた。した

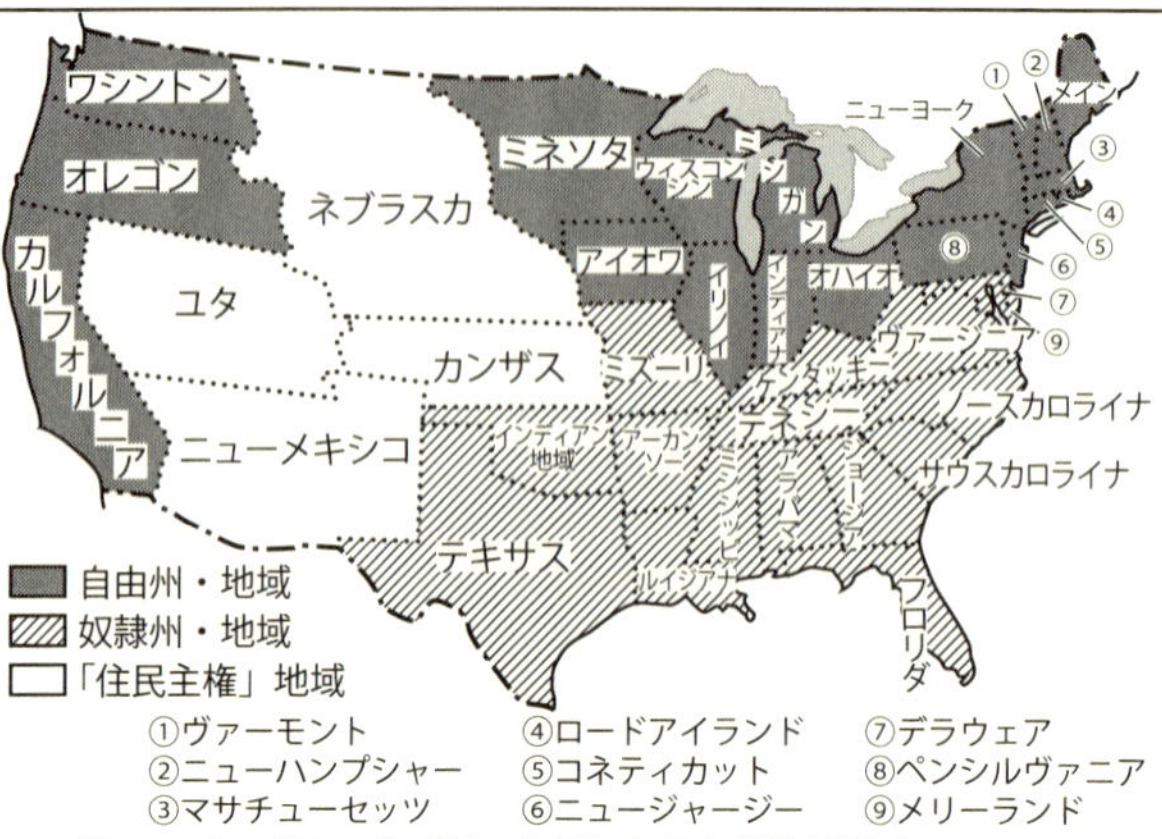

図37　カンザス・ネブラスカ法による南北勢力範囲

がって南部側からすれば、すでにミズーリ妥協は事実上廃棄されていた。

ダグラスは南部の支持を得て民主党の大統領候補となる野心を抱いていた。一八五四年、彼はミズーリ妥協を無視し、奴隷制問題を住民の意志に委《ゆだ》ねる「住民主権論」の立場にたって、カンザス・ネブラスカ法案を提出し、南北民主党と南部ホイッグの支持を得て一気に議会を通過させた。ただし、選挙を間近に控えた下院では、北部民主党はその半数しか支持票を結集できず、最終票決は百十三対百の僅差であった。北部ホイッグの四十五票はすべて反対であった。

北部中で抗議の嵐が吹きまくった。シカゴ

からボストンに旅したダグラスは、自分の藁《わら》人形が焼かれるその明かりで旅ができたとジョークを言った。まず中西部の民主党一派が分裂し、自由土地党の残党も加わって「共和党」を名乗った。これに堅固なニューヨーク州ホイッグ党機構を率いたサーロー・ウィード＝ウィリアム・シュワード組や、イリノイ州ホイッグ党のリンカンのような人々がなだれ込んできて、主導権を獲得した。

2――政党再編成

移民の大洪水

一八四六年から一八五五年までの十年間、三百万人以上の移民が合衆国に流入した。それ以前の五十年間の移民が約百万人だったのと比べると、その急増は驚異的である。一八四五年の合衆国の総人口約二千万人の、実に一五パーセントを超えた。そのほとんどは黒人と一緒に働くことを避けて、北部に集中した。この大量移民のうち約四割がアイルランド人で、しかもそのほとんどが、イギリス人地主に深い恨みをもつカトリック系原住アイルランド人であった。そして約三分の一が、英語の話せないドイツ人であった。北東部の海港都市では一八五〇年代に入ると、移民票は市政選挙の結果を左右することもできるようになった。二大政党は移民の指導者を党の末端組織に組み込むことによって、選挙戦を勝ち抜こうとした。しかしホイッグ党は、ニューイングランドおよびニューイングランド系住民が多数住むニューヨーク州西部や中西部の北方の五大湖沿岸地方を地盤としており、アングロサクソン的文化の伝統を堅持しようとする人々の影響力を受けやすく、したがって移民票への接近には抑止力が働いた。

他方、民主党は黒人には差別的だったが、白人同士の民族文化的差異には無頓着であった。というより、自分たちこそジェファソン以来の政治と宗教・文化の分離、つまり政教分離という建国の大義の擁護者であると自任していた。貧しいアイルランド人たちは、かつて黒人たちが握っていた最下層の職種を、後からやって来て奪い取る立場にあり、都市で奴隷解放運動家や黒人たちと最も敵対していた。ジャクソン時代以来、大都市の北部民主党は一貫して親南部政策を展開した。たとえば、一八三〇年代のニューヨーク市民主党急進派「ロコフォコ」は、一八四〇年代に入って奴隷制擁護の旗手カルフーンの大統領擁立の動きすらみせた。反奴隷主勢力が台頭して来た時、北部民主党がいよいよアイルランド人票を頼りにするのは当然の成り行きであった。また近年の研究では、南北戦争直前の一八六〇年選挙においても、民主党は中西部のドイツ人票を掌中に収めていた。

外国人、特にカトリック系アイルランド人の政党組織への浸透は、伝統的アメリカ文化を破壊するだけでなく、プロテスタント系アメリカ人の政界進出の機会を閉ざすものと思われた。これは決して杞憂《きゆう》ではなかった。たとえばニューヨーク市では、歴代のアイルランド系のボス支配が、一八七〇年代以降一九三〇年代初頭まで続いた。有名なアイルランド人ボス、デーリー市長は、一九六〇年代末までシカゴを支配した。

社会的昇進の機会が閉ざされつつあるという意識は、単に政界だけの問題ではなかった。大都市では厖大《ぼうだい》な労働貧民の存在は誰の目にも明らかだった。都市の不衛生によるコレラなどの周期的な疫病の流行で、多くの人々が死んだ。もちろん、暴力・売春などの犯罪も増加した。製肉業など、なお独立小生産者が健在な業種もあったが、機械が導入されていない製靴《せいか》、被服生産、手織業などの業種においても、多くの小親方が賃金労働者に転落してしまっていた。そして何とか生き残っている小親方たちも、絶えず転落の危機に晒《さら》されていた。このような人々にとって、アイルランド人の政界進出は、たとえそれがささやかなものであったとしても、自分たちの古き良きアメリカを葬り去ろうとする元兇《げんきょう》のように思えた。

「なんも知らん党」

反カトリック・反移民の運動は、一八四〇年代初頭にすでに始まっていた。しかしそれが全国的な運動として台頭してきたのは、一八五二年選挙後のことであった。この時、民主党は一八五〇年の危機を乗りきり、ヴァン・ビューレン以下、自由土地党を結成した多くの人々も党に復帰し、政権に返り咲いていた。彼らは奴隷制問題は政治課題ではないかのごとく振る舞った。他方ホイッグ党は、奴隷制論争で南北の亀裂を深め、党再建は絶望的な状態であった。移民の急増によって、ホイッグ党の支持基盤の中に蓄積していた反移民感情が一気に噴出することになった。

反移民の政治運動は最初、秘密組織として地方選挙に登場した。彼らの党のことを聞かれた時、秘密を守るため「ノー・ナッシング」(なんも知らん)と答えたため、彼らは「ノー・

ナッシング党」と呼ばれるようになった。一八五四年の地方選挙で、これまで名前も知られなかったような新人が当選し、既成政党の地方の名士たちが続々と落選した。正式にはアメリカ党と名乗り、入国後五年の移民の帰化要件を二十一年に延長することを共通の綱領とした。一八五五年にはマサチューセッツの知事選挙で勝利しただけでなく、ほとんどのニューイングランド諸州を支配し、中部大西洋岸諸州と南北の境界諸州ではホイッグ党に代わって民主党の対抗勢力となり、太平洋岸南部諸州にも浸透した。

血ぬられたカンザス

アメリカ党の台頭は、ホイッグ党を完全に解体させた。さらに民主党支持のプロテスタント系住民にも勢力を伸ばし、共和党を抑えて、一八五六年選挙で民主党の対抗馬になる勢いを示した。しかし五六年に入ると、カンザス地方で南部派と北部派がそれぞれ政府を樹立し、鉄砲で陣取り合戦を始めた。これが世にいう「血ぬられたカンザス」である。一八五五年十一月から五六年十二月までに二百人が殺され、二百万ドルの財産が破壊された。連邦上院でも、議席についている共和党のチャールズ・サムナーが南部議員に杖で殴《おう》打《だ》され、サムナーは長期間床に臥《ふ》し、殴った南部議員は英雄視されて再選された。

カンザスの北部派は、奴隷とともに自由黒人の流入をも禁じた。北部派の「自由な土地」という合言葉は、黒人のためではなく白人のための「自由な土地」を意味した。しかし、彼らが自分たちのために血を流したからこそ、南北の白人たちは後に引けなくなった。奴隷制問題を回避したアメリカ党は、もはや北部で民主党に対抗する勢力を糾合できなかった。かくして一八五六年大統領選挙では、共和党が民主党に挑戦することになった。

民主党はこの大統領選挙でペンシルヴァニア州のジェームズ・ブキャナンを立て、彼の州を含め北部四州を死守しなんとか勝ったが、その他の北部州はすべて共和党のフレモントに奪われた。プロテスタント諸教会はじめ、諸々の民間団体も南北に分裂し、ホイッグ党も崩壊し、民主党は生き残った最後の全国組織であった。しかし、カンザス内での抗争の先鋭化は、ダグラス派民主党と南部派との結束にも楔《くさび》を打ち込んだ。ダグラスはついにカンザスの北部派を支持することを決断し、南部派を支持するブキャナン民主党政府との亀裂を深めた。南部派が作ったレコンプトン憲法案が、一八五八年八月、十対一の大差の割合でカンザス住民投票によって否決され、ブキャナン政府は決定的打撃を受けた。

ドレッド・スコット判決とジョン・ブラウン蜂起

カンザスの事件の進行とともに、一八五七年三月六日のドレッド・スコット判決も、ダグラス派北部民主党と南部民主党との分裂を促進した。これはミズーリ州の奴隷ドレッド・スコットが、かつて自分はミズーリ妥協により自由州となるべき地域に主人とともに移り住んだ経験があり、したがってそこで自動的に自由身分を得たのだと訴えた事件であった。連邦最高裁判所主席裁判官ロジャー・B・トーニーはスコットの主張を退け、ミズーリ妥協を違憲としただけでなく、ダグラスの主張する準州における「住民主権論」すら、奴隷主の財産権に対する侵害として退けた。裁判所の南部強硬論支持は決定的であった。政府および南部派は満足したが、ダグラスの南部派との協力はますます困難になった。

一八五九年十月十六日夜、ジョン・ブラウンと五人の黒人を含む約二十人の追随者が、ヴァージニア州ハーパーズ・フェリーにある連邦政府兵器庫を襲撃した。ブラウンはすでにカンザスで容赦ない武力闘争を経験していた。奴隷叛乱を惹起し、南部に逃亡奴隷の解放区を作り、奴隷制に直接打撃を与えることを考えていた。実際には、二日間の抵抗後、捕えられて処刑された。彼を公然と擁護する人は北部でも少なかった。彼の計画はあまりにも空想的だった。そしてプランターの黒人支配はそれほど脆弱《ぜいじゃく》ではなかった。しかし、二年後、南北戦争が始まった後、北軍は彼の歌を唱《うた》いながら戦場に向かうことになる。

リンカン登場

一八六〇年民主党大会は分裂大会となった。低南部の強硬派は、北部人の最後の証《あかし》として「住民主権論」に固執するダグラスに見切りをつけ、脱党して独自候補ブレッキンレッジを立てた。高南部からも強力な新党候補ベルが立候補することになったので、ダグラスは南部の支持をすべて失った。

共和党の本命はニューヨーク州の大物シュワードだった。しかし穏健派は、これまでの彼の対南部強硬発言のゆえに、内戦を恐れて反対した。また、共和党は北部のアメリカ党と文化的基盤を共有し、党の下部機構の中には、反カトリック・反移民感情が強かった。シュワードは知事時代、ジェームズ欽定《きんてい》版聖書の使用を嫌うカトリック教徒に対して、公費による彼ら独自の教区学校の設立を認めた。彼のこのアイルランド人票取り込み政策を許さない人々もいた。結局、無難な妥協候補として、過去にほとんど見るべき政治経歴の

図38　リンカンとダグラス（リンカンに向かって左隣）の選挙討論集会

ない、鉄道会社御用達弁護士エイブラハム・リンカンが、大統領候補に選ばれた。

共和党は西部準州からの奴隷制閉め出しの他に、連邦政府所有の公有地百六十エーカーを移住者に無料で分与する自営農場法の制定を公約し、さらに北西部が求める大陸横断鉄道の建設と、特にペンシルヴァニア州の鉄・石炭利害が強く求めていた保護関税政策を採択した。保護関税政策は一八三三年の妥協関税法以来、一八四〇年選挙でのホイッグ党勝利後一時復活したが、南部プランターの強力な圧力で抑えられていた。これまで一般に民主党に自由貿易論が強く、ホイッグ党の中に保護関税論が強かったが、一八三〇年代以来全国政党として積極的に保護関税政策を打ち出す政党はなかった。

しかし一八五七年恐慌後、失業問題解決のため保護関税の必要が声高く叫ばれだした。ペンシルヴァニア州は経済的には保護関税を要求しながら、州民の民族文化的構成の多元性もあり、政治的には北部民主党の最も強力な地盤であった。共和党の公然たる保護関税政策採択は、自由貿易を主張する南部プランターに対抗して、重工業化しつつある北部産業資本家の支持を求める戦略決定であり、より具体的には、民主党からのペンシルヴァニア奪取作戦であった。この戦略は見事に成功し、一八六〇年以来今日に至るまで、重工業州ペンシルヴァニアは共和党の金城湯池《きんじょうとうち》となるのである。

南部連合の結成

一八六〇年選挙では、リンカンが予想通り選挙人票百八十を得て、ブレッキンレッジ七十二、ベル三十九、ダグラス十二に大差で当選した。しかし、リンカンの一般投票数は百八十六万（三九・八パーセント）に過ぎず、ダグラス百三十八万（二九・五パーセント）、ブレッキンレッジ八十四万（一八・一パーセント）、ベル五十九万（一二・六パーセント）と続いた。来たるべきリンカン政府は、国民の支持率という点では少数派政権となるはずだった。しかし南部側から見ると、ダグラスの住民主権論も、今となっては奴隷制封じ込めを狙う北部側の欺瞞《ぎまん》的戦術に過ぎなかった。南部の孤立は覆《おお》うべくもなかった。

一八六〇年十二月二十日、サウスカロライナ州民代議員大会が連邦離脱を決議し、低南部六州（ミシシッピ、フロリダ、アラバマ、ジョージア、ルイジアナ、テキサス）がこれに続いた。高南部諸州の動向が注目されたが、その多くは内部の意見対立で去就《きょしゅう》を決しかね、南北間の妥協工作を見守った。しかし、六一年三月四日就任したリンカンは、奴隷制問題に関する共和党綱領の基本原則を維持するという点では一歩も譲らず、南部連合側はサウスカロライナ州チャールストン港外の連邦軍のサムター要塞の明け渡しを要求し、独立の既成事実を作り出すため、武力攻撃をも辞さない態度を示した。

リンカンはヴァージニア州の連邦派勢力に対し圧力をかけて、開戦回避のためのサムター守備隊の自発的撤退と引き換えに、ヴァージニア州の連邦残留の保障を求めた。しかし、ヴァージニアの連邦派はこれを保障することができず、四月十二日、南部側のサムター攻撃を迎え、南北開戦となった。これを機に、ヴァージニア以下、アーカンソー、テネシー、

図39　サムター攻撃を描いた画

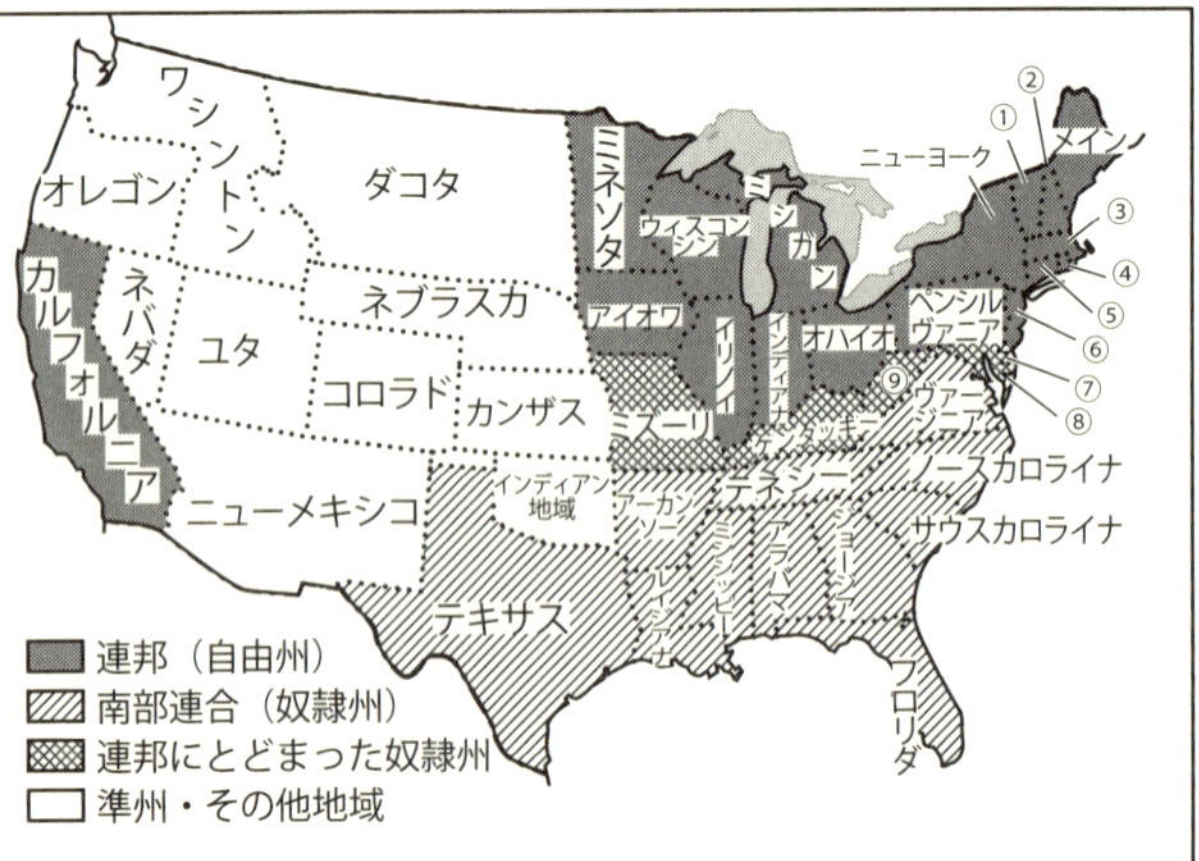

①ヴァーモント　④ロードアイランド　⑦デラウェア
②ニューハンプシャー　⑤コネティカット　⑧メリーランド
③マサチューセッツ　⑥ニュージャージー　⑨ウェストヴァージニア

図 40　南北戦争勃発当時の合衆国

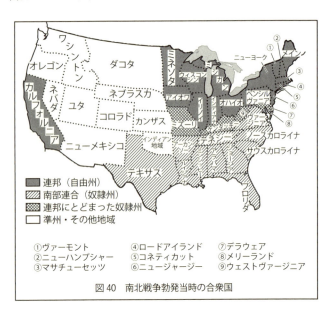

ノースカロライナが南部連合に加わった。ただ、奴隷主勢力の弱いヴァージニア奥地の住民は連邦離脱に反対し連邦内に止《とど》まり、ウェストヴァージニア州を作ることになった。

開戦の際、リンカン政権にとって、高南部の境界州、特にメリーランドの動向が、戦略的に重要であった。四月十九日、メリーランド州ボルティモア市の親南部連合派の暴徒が、北からワシントンに向かうマサチューセッツ連隊に発砲し、一時、首都と北部諸州との間の通信が遮断《しゃだん》され、この州全体が脱退しかねない危機さえ生じた。連邦政府はボルティモアを迂回《うかい》しながら補給を続け、事態の鎮静化を待って、五月までにこの都市を支配下に収め、十九人の州議会議員と市長を裁判抜きで逮捕投獄した。一八六一年秋の選挙では、連邦政府はメリーランド出身兵に選挙休暇を与える一方、憲兵隊長たちに脱退支持者の投票を実力で阻止させて、断固たる連邦支持者を知事に当選させ、反対派を押さえ込んだ。境界諸州では厳しい闘争が展開されたが、結局、連邦政府はデラウェア、ケンタッキー、ミズーリの境界三州の連邦脱退を阻止することに成功した。

3──南北戦争

勇壮華麗な野戦から塹壕掘りへ

開戦直後の四月十五日、リンカンは三ヵ月期限の七万五千人の志願兵を募集した。南北の政府・国民とも、戦《いくさ》は大した死傷者もなく、短期に決着すると考えていた。両政府が志願兵を募集した時、人々は、独立以来一種の年中行事となっていた州兵の訓練にでも出かけるかのごとくに、祝祭気分で殺到した。両政府とも、武器や装備の準備不足を理由に志願を断わるありさまであった。

将軍たちは、隊列を組んだ勇壮華麗な野戦を展開するナポレオン戦争時代の戦術を、士官学校で学んでいた。しかし、鉄砲は格段に進歩していた。敵陣に突入して白兵戦を交える前に、兵士たちはバタバタと死んだ。将軍たちが兵士に塹壕《ざんごう》掘りの退屈な仕事を命じ始めたのは、何度も苦い経験をした後のことであった。それでも、一八六四年六月、コールド・ハーバーの戦いでは、北軍のグラント将軍は昔流の強引な作戦に戻り、直接攻撃を敢《かん》行《こう》した。兵士たちは胸に自分の名前を書いた紙を忍ばせて突撃した。死の知らせだけでも家族に伝えたかったのだろう。

戦争の長期化と死傷者の激増は厭戦《えんせん》気分を生み、南北両政府に対するいら立ちを高めた。戦《いくさ》は総力戦の様相を呈し始め、兵役志願者は激減した。南部の奴隷所有家族は三割程度にすぎなかったが、プランター自身が色々と口実を設けては兵役を逃れ、労働力としての奴隷の提供に反対し、各州政府が連合政府の戦争政策を妨害することも少なくなかった。しかし彼らには、奴隷制度を死守するという共通の大義名分があった。

他方、北部には南部の独立阻止という消極的な戦争目的しかなかった。この論理だけでは長期の戦争継続は不可能になった。民主党は開戦直後、政府を支持したが、今や南部との妥協による平和を求める圧力を強めてきた。他方、奴隷を解放し黒人を連邦軍に加えて敵の権力基盤に打撃を与えるべしと主張する共和党急進派の勢力も台頭してきた。黒人活動家フレデリック・ダグラスもこれを支持した。しかし多くの北部諸州は、自由黒人への選挙権付与すら拒否してきた。

リンカンと共和党は奴隷制拡大には反対してきたが、彼らのほとんどは奴隷所有が連邦憲法によって保障された私的所有権であることまでは否定できなかった。北部の大多数の白人は、南部と戦争してまで南部の奴隷を解放したいと考えてはいなかった。選挙戦でリンカンは奴隷制反対の意見は表明したが、一貫して、大統領として奴隷を解放する意志のないことを公言してきた。リンカンは戦争開始後、境界州に有償奴隷解放を提案したが、拒否された。しかし、戦争に勝ち抜くためには、境界州の意向など無視して、奴隷解放をする以外に他に方法はなかった。一八六二年の暮れには、さらに三十万人の兵力が必要だった。

奴隷解放宣言

リンカンは一八六二年九月二十三日、メリーランドに北上して来たリー将軍を何とか撃退して愁眉《しゅうび》を開いた機会を捉え、北軍最高司令官として、一八六三年一月一日現在叛乱状態にあるすべての地域の奴隷を解放する、という予備宣言を発した。しかし北部の戦意は昂揚《こうよう》しなかった。政府は最高裁主席裁判官トーニーの抗議を無視して一万三千人の「南部派」を投獄し、しばしば新聞の発行停止を命令して、反対派を弾圧した。しかし、六二年秋の中間選挙で、ニューヨーク、ペンシルヴァニア、オハイオ、イリノイ、インディアナといった、政治戦略的に最も重要な諸州を民主党に奪われた。

もはや政治は戦場で決するしかなかった。リンカンは一八六三年元旦、予告通り奴隷解放宣言を発し、黒人を連邦軍に編入し、北部白人に対しても徴兵令をしいて総力戦体制を整えた。中西部の「コパーヘッド」と呼ばれる反政府派の活動は絶えなかった。同年六月ニューヨーク市では、三日間にわたってアイルランド人労働者の徴兵反対暴動が起こり、家々に放火され、自由黒人が襲われた。この鎮圧のために、戦場から軍隊を呼び戻さねばならなかった。不満の一つは、金持ちは三百ドル払って徴兵を逃れることができたのに、貧乏人は死にに行くしかなかったからである。諸々の理由での徴兵逃れが横行し、実際に徴兵された者は三万三千人だった。そして徴兵された者の内、七人に一人が脱走した。他方、黒

図41　連邦軍に入隊した逃亡奴隷

図42　南軍の名将リー

図43　北軍の名将グラント

人は終戦までに十七万九千人が連邦軍に入隊していた。彼らはこの戦争を他人事とは考えていなかったのであろう。

リンカン政府は一八六四年になっても窮地にあった。民主党は南部との和解を迫った。共和党急進派は南部復帰後の民主党の復権を恐れ、南部政治の徹底的改造を求め、早急な南部復帰の実現を目指すリンカンの再選に反対し、他候補擁立を画策した。しかし奴隷解放宣言以後、ヨーロッパの介入は困難になり、南部は北部の海上封鎖により困窮した。戦争の長期化とともに、北部の人口・工業力での優位が戦局にも及び始めた。六四年九月、北軍のシャーマン将軍がアトランタを陥落し、やっとリンカン再選の道を開いた。

南北戦争の戦利品

一八六五年に入ると、南軍は総崩れとなり、四月九日、南軍の名将リーはアポマトックスでグラント将軍に降伏し、四年に及ぶ内戦は終わった。リンカンは四月十四日、ワシントンで観劇中、ジョン・ウィルクス・ブースに撃たれ、四月十五日にこの世を去った。リンカン政権は発足直後、公約通りモリル関税法を制定して保護貿易体制を確立し、以後、自営農場法、西部の公有地売却代金による農業州立大学設置を定めたモリル法、鉄道会社への厖大な公有地無償供与を定めた太平洋鉄道建設法、全国銀行法など、これまで南部の反対にあって実現できなかった政策を次々に展開した。

なお、全国銀行法は戦時赤字財政をやりくりする中で生まれた制度であるが、その後、明治初年の日本の国立銀行法の雛形《ひながた》ともなった。その原型は、一八三八年のニューヨーク自由銀行法である。この制度は、自由競争の原理を銀行経営にまで持ち込むため、ニューヨーク州のホイッグ党によって制定され、その後各州に普及していたものである。シュワードを始めとして彼らの伝統を受け継ぐ共和党は、南部派ジャクソンによって反独占の名の下に葬られた第二合衆国銀行に代わる新たな銀行発券量を規制する方法として、この全国銀行法を制定したのである。

リンカン亡きあとの共和党の課題は、南部脱退という、いわばどさくさの非常時に獲得したこれらの戦利品と、戦時権力によって築き上げた党組織を、いかに守り通すかにあった。解放された黒人の処遇は、南部に政治改革を強要する共和党急進派と、戦後連邦に復帰してくる南部白人と、裸一貫で解放された黒人たちとの、三つどもえの戦いの中で決定されることになる。黒人にとってはこれからが正念場であった。

おわりに

二〇二二年の暮れに、大学で一般教養科目を担当している歴史研究者から、現在絶版になっている米国史に関する拙書『大陸国家の夢』（講談社現代新書、1988年）の改訂版を出すように、と勧められた。理由は単純である。類書が存在しないからである。このような意見は以前にも聞いたことがあった。

確かに独立革命や南北戦争に関する立派な研究書は何十冊もある。しかし植民地時代から南北戦争までの時代の歴史で、単独の著者によって書かれたものは他に存在しない。というわけで友人たちの勧めに従って、旧著を『アメリカ奴隷主国家の興亡——植民地建設から南北戦争まで』として改訂版を出すことにした。30年以上前の著書の改訂版が、今日の激動の時代に生きる人々にとっての有益な情報源となるのかどうか、結果を待つしかない。本改訂版の誤りや異論・違和感等をご教示いただければ、と願っています。

二〇二四年一月一〇日記

安武秀岳

刊行によせて

本書の初版は、三巻からなる「新書アメリカ合衆国史」の第一巻として、一九八八年一二月に講談社から出版された。各巻の著者、タイトル、そして網羅する時代は以下の通りであった。

第一巻　安武秀岳『大陸国家の夢』（一六〇七～一八六五年、植民地時代～南北戦争）
第二巻　野村達朗『フロンティアと摩天楼』（一八六五～一九二九年、再建期～大恐慌）
第三巻　上杉忍『パクス・アメリカーナの光と陰』（一九二九～一九八八年、大恐慌～レーガン政権）

戦中派の研究者が学界の重鎮であった当時、本場アメリカ合衆国の歴史学が大きく変化する中で、その「新しいアメリカ史」を、中堅研究者のホープであった三氏が、日本の読者に分かりやすく解説した入門書、それがこの新書三巻であった。長年にわたり日本のアメリカ史研究を第一線でリードされてきた御三方を、「中堅」と書かせていただいたのは、最年長の野村先生ですら、出版時には五〇代半ばであったからである。

新書三巻には、一般読者を想定したものであったからでもあるが、大学で採用されていたテキストとは異なり、物語が目の前で展開されるような面白さがあった。図表が数多く盛り込まれていて、とにかく新鮮であった。その後、残念ながら絶版となってしまったが、初学者向けのテキストとして惜しむ声をしばしば耳にした。この度、第一巻『大陸国家の夢』が改訂版として出版されることとなり、多くのアメリカ史関係者が喜ばれているに違いない。

改訂版を読み直して改めて感じる魅力は、達意の文章で紐解かれた一つ一つの出来事が、最終的には大きな時代の流れとして読者に提示されている点である。周知の通り、安武先生は、ジャクソン期の都市民衆労働史を中心に、十八世紀末に北米大西洋岸に誕生した弱小の共和国であったアメリカが、大陸国家へと急成長を遂げた十九世紀前半について、政治経済史の観点から、長年にわたって研究されてきた。政治経済を軸とした通史は、ともすれば難しいと学生や一般読者に敬遠されがちである。そうした一般的な通史とは対照的に、本書では、連邦派と共和派の政争や、あらゆる人びとの暮らしを激変させた市場革命などが、講談のように語られる。読者は、臨場感を持ってページをめくることだろう。初期アメリカ史を志す研究者が先細りする昨今であるからこそ、こうした入門書の持つ意義は大きい。

安武先生は改訂版を出された理由を、「植民地時代から南北戦争までの時代の歴史で、単独の著者によって書かれたものは他に存在しない」からであると、改訂版の「おわりに」に淡々と書かれている。他方で、新書版の「あとがき」によれば、「独立革命から南北戦争までの時代を一つの連続した歴史過程として描」き、「イギリスを中心にした資本主義的世界体制の発展史」の枠組みの中で、初期アメリカ史を概観するという問題関心があった、と書かれている。安武先生のこの問題関心にまさに沿う形で、過去三十年の間にアメリカ史研究は深化を遂げてきた。中でも特筆すべきは、南北戦争時代までのアメリカは「奴隷主国家」であり、その礎は、人種資本主義（非白人に対する人種差別的な搾取を前提とした西欧発の近代資本主義）とともに築かれたという認識の下で、アメリカ国家像の再構築が進んでいることである。この歴史学における探求は、なぜ人種主義がアメリカ社会の構造にこうも組み込まれているか、なぜその解決は国を分断するほどに難しいのか、という極めて現代的な問題と直結する。安武先生のご労作『自由の帝国と奴隷制――建国から南北戦争まで』（ミネルヴァ書房、二〇一一年）も、アメリカ国家像の再構築に迫る一冊である。より専門的な切り口からの歴史探求となるが、ぜひとも一読されたい。

この度の出版にあたり、本文の大幅な改訂はあえてされなかったという。それは、「日米の研究者たちの歴史意識の変化を読み取って」ほしいという願いからであるという。確かに、こんにち入門書を新たに書くのであれば、先住アメリカ人の一万年以上にも及ぶ営みが、第一章となるかもしれない。ヨーロッパ人による初期の北米大陸の開拓にしても、スペイン人による南西部開拓の記述が、多くなるかもしれない。さらには、黒人による奴隷制即時廃止運動や、第一波フェミニズムと言われる女性参政権運動など、人種やジェンダーの視点に重点を置けば、登場する人々や出来事はより多岐にわたることになるだろう。しかしながら、そうした研究の成果を余すところなく取り入れようとすると、人種資本主義とともに発展した南北戦争期までのアメリカ史を通観するという、本書の目的がぼやけてしまいかねず、ジレンマに陥る。いずれにせよ、大幅な修正を施さなかったことは、安武先生ご自身としては勇断であっただろうし、後進としては、大きな宿題をいただいたと感じている。歴史研究は、考察対象となる時代との対話から生まれるものであるが、そうした対話は、研究者から研究者へとバトンをつなぎつつ継続することで、より豊かになるからである。

最後になってしまったが、新書版の『大陸国家の夢』が出版された当時は、研究者の端くれとも言えなかったばかりか、安武先生の門下生でもなく、十九世紀の政治経済史の専攻でもない私が、改訂版の出版に寄せて、このような執筆の機会をいただくことになろうとは、想像だにしなかった。安武先生が敬愛されるアイラ・バーリンの著作の翻訳『アメリカの奴隷解放と黒人――百年越しの闘争史』（明石書店、二〇二二年）を担ったことが幸いしたのかもしれない。役不足で本書の魅力を十分に伝えることができたか、はなはだ自信はないが、読者の方々は、すでに安武先生の筆致の魅力だけでなく、包容力のある大らかなご性格の魅力を、本書の行間から感じ取られているに違いない。

二〇二四年三月

落合　明子（アメリカ黒人史）

◉年　表

西暦	アメリカ合衆国
一四九二	コロンブス新世界発見
一五七四	ハンフリー・ギルバートのハドソン湾探検
一五八五	ウォルター・ローリーのロアノーク島植民

西暦	世界
一四六七	応仁の乱起こる
一四八五	イギリス、チューダー王朝成立（～一六〇三）
一四九二	グラナダ陥落、スペイン統一
一五一七	ルター、九十五ヵ条の論題発表（宗教改革提起）
一五一九	コルテスのメキシコ征服（～一五二一）
一五三二	ピサロのペルー征服（～一五三五）
一五四三	ポルトガル人、種子島に来航
一五五八	エリザベス一世即位（～一六〇三）
一五八一	オランダ独立宣言
一六〇〇	イギリス東インド会社設立 関ケ原の戦い

一六〇六	ロンドン・ヴァージニア会社特許取得
一六〇七	ヴァージニア会社のジェームズタウン建設
一六一九	ヴァージニアへ最初の黒人輸入
	ヴァージニアで北米最初の植民地議会開催
一六二〇	ピルグリム、プリマス植民地建設
一六二二	ヴァージニアにおけるインディアンの反撃
一六二四	ヴァージニア、王領植民地となる
一六二六	オランダ、マンハッタンに定住地建設
一六二九	マサチューセッツ湾会社特許獲得
一六三〇	ピューリタン大挙して渡航（〜一六四三）
一六三二	ボルティモア卿C・カルヴァート、メリーランド植民地建設特許獲得、三四年最初の定住地建設
一六三五	ロジャー・ウィリアムズ、湾植民地より追放
一六三六	ハーヴァード大学創立

一六〇三	ジェームズ一世即位（スチュアート王朝成立、〜一七一四）
	徳川幕府開幕
一六一八	ヨーロッパ大陸で三十年戦争起こる
一六二八	イギリス、権利の請願

一六三八	コネティカットとロードアイランドに初定住 デラウェア河畔にニュースウェーデン建設
一六四三	対インディアン・ニューイングランド連合結成
一六六四	イギリス、ニューネーデルランドを征服
一六六九	カロライナ基本法公布
一六七五	フィリップ王の戦争（〜一六七六）
一六七六	ヴァージニアにおけるベーコンの叛乱
一六八一	ウィリアム・ペン、ペンシルヴァニア特許取得
一六八四	王権によるマサチューセッツ湾特許剥奪、一六九一年までにコネティカット、ロードアイランド、ニュージャージー、ペンシルヴァニア、メリーランド、カロライナも同様、以後再特許

一六三九	日本鎖国（オランダ、日本貿易独占）
一六四〇	ピューリタン革命開始（〜一六六〇）
一六五一	イギリス、航海条例制定
一六五二	第一回英蘭戦争（〜一六五四）
一六六〇	イギリス、王政復古
一六七三	イギリス、審査律制定
一六八五	ルイ十四世、ナントの勅令廃止

一六八九	ニューイングランドの叛乱成功
一六九二	マサチューセッツのサレムにおける魔女裁判
一七〇二	アン女王の戦争（〜一七一三） カロライナの南北分離
一七三二	ジョージア植民地建設
一七三三	糖蜜条例
一七三九	ジェンキンズの耳戦争（〜一七四二）
一七四〇	本国議会、マサチューセッツの土地銀行設立禁止
一七四四	ジョージ王の戦争（〜一七四八）
一七五〇	鉄条例

一六八八	イギリス、名誉革命 元禄時代始まる（〜一七〇四）
一七〇一	スペイン継承戦争（〜一七一三）
一七〇七	イギリス、スコットランドを併合
一七一三	ユトレヒト条約締結
一七一四	イギリス、ハノーヴァー王朝成立
一七一六	享保の改革始まる（〜一七四五）
一七二〇	日本、漢訳洋書輸入制限緩和
一七四〇	オーストリア継承戦争（〜一七四八）
一七四四	インドで英仏植民地戦争始まる

一七五一	ニューイングランドに対する通貨発行制限条例
一七五四	フレンチ・アンド・インディアン戦争（〜一七六三）
一七六三	パリ講和条約 インディアンのポンティアックの蜂起 国王宣言線設定し、植民地人の西部移住を禁ず
一七六四	本国議会、歳入確保のため砂糖法制定 通貨法により、植民地の通貨発行禁じられる
一七六五	印紙条例。ニューヨークで印紙条例会議開催
一七六六	印紙条例廃止
一七六七	タウンゼンド諸法制定 アメリカ関税局設立
一七七〇	タウンゼンド諸法廃止、茶税のみ残す
一七七二	ボストン通信委員会設立
一七七三	ボストン茶会事件

一七五六	七年戦争開始
一七五七	イギリス、プラッシーの戦いでフランスに勝利
一七六〇	イギリス国王ジョージ三世即位

一七七四	フィラデルフィアで第一回大陸会議開催
一七七五	レキシントン・コンコルドの戦い（米英開戦）
	ワシントン、植民地軍司令官に任命される
一七七六	独立宣言
一七七八	米仏同盟締結、フランス対英宣戦布告
一七八〇	ペンシルヴァニア、奴隷の漸次的解放決定
一七八一	連合規約発効
一七八三	パリ講和条約調印、イギリス、アメリカ独立を承認
一七八五	公有地条例制定
一七八六	マサチューセッツでシェイズの叛乱起こる
一七八七	フィラデルフィアで連邦憲法制定会議開催
	連合会議、北西部領地条例を制定
一七八八	合衆国憲法批准発効
一七八九	第一回連邦議会開会、ワシントン大統領就任
一七九一	S・スレイター、米国最初の水力紡績機作る
	合衆国銀行設立
	憲法修正十ヵ条（権利の章典）批准発効
一七九三	イーライ・ホイットニー、綿繰機特許申請

一七七四	杉田玄白、解体新書著す
一七八七	寛政の改革（～一七九三）
一七九二	ロシア船、根室に来航、通商求む
一七九三	フランス、ルイ十六世処刑

一七九四	ウィスキー叛乱起こる ジェイ条約調印
一七九六	ジョン・アダムズ大統領当選
一七九八	外国人・治安法制定
一八〇〇	ワシントン遷都 ジェファソン大統領当選
一八〇一	ジョン・マーシャル、最高裁主席裁判官に就任
一八〇七	出航禁止法制定
一八〇八	マディソン大統領当選
一八一一	ティピカヌーの戦い（ハリソン、ティカムシを破る）
一八一二	第二次米英戦争開始（〜一八一四）

	第一回対仏大同盟（〜一七九七）
一七九九	ナポレオン、第一統領となる 第二回対仏大同盟（〜一八〇二）
一八〇一	新大陸最初の黒人共和国ハイチの憲法制定
一八〇二	アミアンの和約
一八〇四	ナポレオン、皇帝となる
一八〇五	第三回対仏大同盟
一八〇六	ナポレオン、大陸封鎖令発布

一八一四	ガン条約調印（米英和平） ハートフォート会議（〜一八一五）
一八一六	第二合衆国銀行特許 最初の保護関税制定 モンロー大統領当選
一八一八	セミノール戦争（ジャクソン、フロリダ侵入）
一八一九	スペイン、フロリダを米国へ譲渡
一八二〇	ミズーリ妥協
一八二三	モンロー宣言
一八二四	H・クレイ「アメリカ体制」提唱 ジョン・クインジー・アダムズ大統領当選
一八二五	エリー運河完成
一八二八	「唾棄すべき関税」法制定 勤労者党結成 ジャクソン大統領当選
一八二九	ウォーカー『世界有色市民へのアピール』刊行
一八三一	ギャリソン『解放者』創刊

一八一四	ウィーン会議（〜一八一五）
一八一五	神聖同盟成立
一八二五	徳川幕府、異国船打払令
一八二九	メキシコ、奴隷解放
一八三〇	フランス、七月革命起こる

一八三二	N・ターナーの乱 ジャクソンの銀行戦開始
一八三三	サウスカロライナ州、連邦関税法無効を決議 妥協関税法制定 アメリカ反奴隷制協会結成
一八三五	ホイッグ党結成、ジャクソンの民主党に対抗 第二次セミノール戦争開始（～一八四三）
一八三六	ヴァン・ビューレン大統領当選 テキサス独立宣言 第二合衆国銀行廃止
一八三七	恐慌起こる、一八四三年まで不況続く マサチューセッツ州教育委員会制度設立
一八四〇	ハリソン大統領当選（翌年四月死去）
一八四一	タイラー副大統領、大統領に昇格 公有地居住者のための土地先買権法制定
一八四四	メソディスト教会、南北に分裂 ポーク大統領当選
一八四五	テキサス併合 洗礼派教会、南北に分裂

一八三二	イギリス、第一回選挙法改正
一八三三	イギリス、西インドの奴隷解放決定
一八三七	ヴィクトリア女王即位（～一九〇一）
一八四〇	アヘン戦争（～一八四二）
一八四一	天保の改革始まる（～一八四三）
一八四五	アイルランド、ポテト飢饉（～一八四九）

一八四六	ポテト飢饉によりアイルランド大量移民開始 メキシコ戦争開始 ウィルモット条項下院通過
一八四八	カリフォルニア金鉱発見 ゴドループ・ヒダルゴ条約により、メキシコからカリフォルニアとニューメキシコを獲得 テイラー大統領当選（五〇年七月死去）
一八五〇	カリフォルニア編入問題での南北妥協 フィルモア副大統領、大統領に昇格
一八五二	ピアス大統領当選
一八五四	カンザス・ネブラスカ法制定後、共和党結成
一八五六	ブキャナン大統領当選
一八五七	ドレッド・スコット判決 恐慌起こる（保護貿易主義の台頭）
一八五八	リンカン＝ダグラス論争
一八五九	ジョン・ブラウンの蜂起

一八四六	イギリス、穀物法廃止
一八四八	フランス、二月革命 ドイツ、三月革命
一八五一	中国、太平天国の乱（〜一八六四）
一八五三	ペリーの日本来航 クリミヤ戦争（〜一八五六）
一八五四	日米和親条約締結
一八五七	インド、セポイの乱（〜一八五九）
一八五八	日米修交通商条約締結

一八六〇	リンカン大統領当選
一八六一	南部連合の結成 連邦高関税法制定 南北戦争開始
一八六二	自営農場法制定 太平洋鉄道建設法制定
一八六三	奴隷解放宣言 連邦政府徴兵令施行 全国銀行法制定 ゲティスバーグの戦い
一八六四	ウェイド＝デイヴィス南部再建法連邦議会通過、リンカン同法に署名せず（共和党急進派の批判強まる） シャーマン将軍、アトランタから大西洋へ進軍
一八六五	四月九日リー将軍降伏、南北戦争終結 四月十四日リンカン暗殺

一八六一	イタリア王国成立 ロシア、農奴解放
一八六八	明治維新

〈や〉

〈ら〉

〈わ〉

〈ま〉

〈な〉

〈は〉

〈た〉

索 引

〈著者紹介〉
安武秀岳（やすたけ・ひでたか）
1936年福岡県博多生まれ。九州大学文学部史学科卒業。愛知県立大学名誉教授。アメリカ史専攻。特に南北戦争前期ニューヨーク史を研究。
主な著書に『大陸国家の夢』（講談社現代新書、1988年）、『自由の帝国と奴隷制――建国から南北戦争まで』（ミネルヴァ書房、2011年）。監訳にショーン・ウィレンツ著（鵜月裕典・森脇由美子訳）『民衆支配の讃歌――ニューヨーク市とアメリカ労働者階級の形成一七八八～一八五〇』（上下巻、木鐸社、2001年）。

アメリカ奴隷主国家の興亡

——植民地建設から南北戦争まで

二〇二四年九月二〇日　初版第一刷発行

著　者——安武秀岳
発行者——大江道雅
発行所——株式会社 明石書店
〒一〇一—〇〇二一　東京都千代田区外神田六—九—五
電　話　〇三—五八一八—一一七一
ＦＡＸ　〇三—五八一八—一一七四
振　替　〇〇一〇〇—七—二四五〇五
https://www.akashi.co.jp

装幀　明石書店デザイン室
印刷・製本　モリモト印刷株式会社

（定価はカバーに表示してあります）
ISBN 978-4-7503-5788-1

●世界歴史叢書●

米墨戦争前夜のアラモ砦事件とテキサス分離独立
アメリカ膨張主義の序幕とメキシコ
牛島万 著　◎3800円

テュルクの歴史
古代から近現代まで
カーター・V・フィンドリー 著　小松久男 監訳　佐々木紳 訳　◎5500円

バスク地方の歴史
先史時代から現代まで
マヌエル・モンテロ 著　萩尾生 訳　◎4200円

リトアニアの歴史
アルフォンサス・エイディンタス、アルフレダス・ブンブラウスカス、アンタナス・クラカウスカス、ミンダウガス・タモシャイティス 著　梶さやか、重松尚 訳　◎4800円

カナダ人権史
多文化共生社会はこうして築かれた
ドミニク・クレマン 著　細川道久 訳　◎3600円

ロシア正教古儀式派の歴史と文化
阪本秀昭・中澤敦夫 編著　◎5500円

ヘンリー五世
万人に愛された王か、冷酷な侵略者か
石原孝哉 著　◎3800円

近代アフガニスタンの国家形成
歴史叙述と第二次アフガン戦争前後の政治動向
登利谷正人 著　◎4800円

ブラジルの都市の歴史
コロニアル時代からコーヒーの時代まで
中岡義介、川西尋子 著　◎4800円

アメリカに生きるユダヤ人の歴史【上巻・下巻】
【上】アメリカへの移住から第一次大戦後の大恐慌時代まで
【下】ナチズムの登場からソ連系ユダヤ人の受け入れまで
ハワード・モーリー・サッカー 著　滝川義人 訳　◎各巻8800円

香港の歴史
東洋と西洋の間に立つ人々
ジョン・M・キャロル 著　倉田明子、倉田徹 訳　◎4300円

フィンランド 武器なき国家防衛の歴史
なぜソ連の〈衛星国家〉とならなかったのか
百瀬宏 著　◎3500円

アラゴン連合王国の歴史
中世後期ヨーロッパの一政治モデル
フロセル・サバテ 著　阿部俊大 監訳　◎5800円

ブルキナファソの歴史
苦難の道を生き抜く西アフリカの内陸国
三石善吉 著　◎5800円

◆以下続刊

〈価格は本体価格です〉

世界人権問題叢書107

アメリカの奴隷解放と黒人

百年越しの闘争史

アイラ・バーリン 著　落合明子、白川恵子 訳

■四六判／上製／264頁　◎3500円

19世紀半ばのアメリカにおいては奴隷制が白人を主導に発展した陰で、黒人社会の内部から奴隷制廃止の動きが拡大していた。奴隷制はリンカーンのような白人指導者から廃止されたのではなく、黒人一人ひとりの手によって崩壊したことを裏付ける重要な歴史書。

内容構成

南北アメリカ研究の課題と展望

米国の普遍的価値観とマイノリティをめぐる論点

住田育法、牛島万 編著

■四六判／上製／288頁　◎3000円

南北ともに激動の時代を迎えているアメリカをテーマに、米国研究者・ラテンアメリカ研究者が双方の歴史的、社会的経験を共有し、米国の普遍的な価値観とその受容、および、南北アメリカのマイノリティの問題を、幅広い視点から論ずる。

内容構成

〈価格は本体価格です〉